Dr. Alois Gschwandtner · Strategie der Unternehmen

AF288156

Das Buch

Strategie ist weder Wissenschaft noch Kunst. Sie ist ein eigenständiger Wissenstyp, der hier »Agonistik« genannt wird. Den spannenden Fragen, warum Strategie ihre Freiheit braucht, welche Rolle die persönliche Auffassung des Strategen dabei spielt, warum sie konkret ist, welche methodischen und inhaltlichen Weichenstellungen ihr zugrunde liegen, welche Verantwortung der Stratege trägt und warum er selbst letztendlich die Strategie ist, geht der Autor dieses Buches auf den Grund. Vom Allgemeinen zum Speziellen, folgt einer systematischen Betrachtung zu den sieben Wissenstypen die Eingrenzung auf den Wissenstyp der Agonistik und einer ihrer Unterdisziplinen: der Unternehmensstrategie. Durch die kritische Auseinandersetzung mit der Methodenforschung und mit konkreten Strategien gelangt der Autor zu interessanten Erkenntnissen und Hilfestellungen.

Der Autor

Der Autor arbeitet seit 20 Jahren intensiv an der gesamten Thematik (Methode, Wissen, Wissenstypen, Agonistik, Strategie, Wissenschaftstheorie, Sozialwissenschaft, Betriebswirtschaftslehre etc.) und kann nun endlich die erste zusammenfassende Arbeit vorlegen.

Dr. Alois Gschwandtner

Strategie der Unternehmen

Oktober 2001
© 2001 Dr. Alois Gschwandtner
Satz und Layout: Buch & medi@ GmbH, München
Umschlaggestaltung: Kay Fretwurst
Herstellung: Books on Demand GmbH, Norderstedt
Printed in Germany · ISBN 3-8311-2277-6

1. Einleitung

Es gibt viele Arbeiten, die sich mit strategischen Fragen befassen oder die eine Methode anbieten, nach der ein Stratege vorgehen soll. Es gibt aber keine Arbeiten, welche das Wesen von Strategie möglichst umfassend darlegen können. Wir fragen: Was ist Strategie? Auf diese Frage bekommen wir keine ausreichende Antwort. Es ist leicht einzusehen, dass die strategische Praxis besser wird, wenn der Stratege tiefer in die Materie eindringt und mehr von Strategie versteht. Die vorliegende Arbeit unternimmt den Versuch, eine befriedigende Antwort auf obige Frage zu finden.

In meiner Arbeit lege ich zunächst die Grundzüge der »Philosophie der allgemeinen Strategie« dar. Diese Grundlage ist wichtig für die Positionierung der »Philosophie der Unternehmensstrategie«. Es geht mir in meiner Arbeit einerseits um die Unternehmensstrategie. Das ist ein Bereich, der mich enorm interessiert. Dazu muss ich zunächst auf die allgemeine Strategie eingehen. Andererseits will ich auch die allgemeine Strategie möglichst gut erfassen am Beispiel Unternehmensstrategie: Bei der Darstellung der Unternehmensstrategie werden viele Begriffe vorgestellt, die nach der nötigen Verallgemeinerung in die allgemeine Strategie eingeordnet werden können. Es sind eigentlich Begriffe der allgemeinen Strategie, die hier nur auf einen speziellen strategischen Bereich angewendet werden. Ich möchte die Strategie zu einer eigenständigen Disziplin mit entsprechenden Unterdisziplinen machen.

In der Strategie geht es um die Erzeugung und Anwendung von strategischem Wissen. Ich bringe das strategische Wissen als Erster konsequent mit einem eigenen »Wissenstyp« in Verbindung. Diesen Wissenstyp möchte ich »Agonistik« nennen. Die »Philosophie der Wissenstypen« bildet die Grundlage für die »Philosophie der Agonistik«. Die zweite Grundlage für die »Philosophie der Agonistik« ist die »Philosophie der Methoden und Begriffe«. Die »Philosophie der Agonistik« ist die »Metamethode im weiteren Sinne«. Die »Metamethode im engeren Sinne« ist Teil der »Metamethode im weiteren Sinne«. Mit meiner Arbeit will ich die Metamethode im weiteren und im engeren Sinne herausarbeiten: Wenn der Stratege die metamethodischen Fragestellungen und Begriffe kennt, kann er sich seine eigene metamethodische Position zurechtlegen. Insofern ist er philosophisch tätig.

Seine Metamethode bildet die Basis für seine agonistische Theorie, also für seine Methode. Die theoretische Ebene ist die zweite wichtige Ebene des Strategen. Hier ist er Methodiker und abstrakter Theoretiker. Auf dieser Ebene ist er noch nicht mit konkreten Fragen konfrontiert. Je besser sein metamethodisches Verständnis, desto besser ist seine metamethodische Position. Je besser seine metamethodischen Ansichten, desto besser ist seine Methode. Je besser seine Methode, desto bessere Chancen hat er auf eine erfolgversprechende konkrete Strategie.

Auf der dritten Ebene hat der Stratege mit praktischer strategischer Arbeit bzw. mit konkreter Strategie zu tun. Hier muss er sein methodisches und metamethodisches Wissen zur Anwendung bringen. Auf der dritten Ebene ist der Stratege weiterhin mit seinem gesamten Wissen, mit sämtlichen Fähigkeiten und mit der ganzen Persönlichkeit gefordert. Er ist vor allem mit konkretem, historischem Wissen konfrontiert. Er hat mit der Realität zu tun und erzeugt selbst Realität. Er muss kreativ sein. Er muss ein »Werk« schaffen. Er erstellt einen konkreten Plan. Er ist für die Durchführung des Planes verantwortlich.

Die erste Ebene ist die philosophische Ebene. Hier geht es um die Metamethode im engeren und im weiteren Sinne. Die »Metamethode im engeren Sinne« will die »Logik« der Agonistik besser herausarbeiten. Jeder Wissenstyp hat seine eigene Logik. In der Agonistik geht es um die »Durchsetzung«. Die »Metamethode im engeren Sinne« will die Prinzipien und Unterprinzipien der »Durchsetzungslogik« herausarbeiten. Jeder Stratege soll sich in diese Materie einarbeiten und dann seine eigenen metamethodischen Positionen finden.

Eines dieser Prinzipien ist das »Verantwortungsprinzip«. Nach diesem Prinzip ist nur der Stratege für die Strategie zuständig. Der Stratege hat die Macht und er trägt auch die volle Verantwortung. Wer die Macht hat und sie ausübt, ist auch der Stratege. Es gibt keine machtlosen Strategen, aber es gibt Strategen, die haben für ihre Strategie etwas zu wenig Macht. Eventuell stammt die Strategie nicht von Strategen. Sobald er sie zu seiner Strategie macht, ist die Frage nach der Urheberschaft zweitrangig. Die meisten Strategen wollen aber sicher nicht darauf verzichten ihre eigene Strategie zu entwickeln. Die Strategie ist dann genau auf die Person und die Situation des Strategen zugeschnitten. Ich bin der Meinung, dass der Stratege seine Strategiemethoden möglichst selbst herausarbeiten soll. Er soll nicht auf »allgemeine Methoden« vertrauen. Für den praktischen Strategen gehören die Herausarbeitung der Methoden und der konkreten Strategie und die Durchführung der konkreten Strategie zu seinen Kernaufgaben.

Zu seinen Kernaufgaben gehört auch das Finden einer metamethodischen Position auf der Grundlage einer vorhandenen Metamethode. Nicht zu seinen Kernaufgaben gehört aber die Entwicklung einer metamethodischen Theorie. Zu seinen Kernaufgaben gehört außerdem die Beurteilung des agonistischen Potenzials seiner Theorien. Nicht zu seinen Kernaufgaben gehört die breite Entwicklung und Diskussion von agonistischen Methoden. Er ist also nicht Philosoph oder agonistischer Theoretiker.
Es gibt neben und über dem Strategen keine strategische Instanz. Der Stratege ist die Strategie. Der Stratege kann die Strategie nicht anderen Personen überlassen. In einem Unternehmen ist die Strategie nicht einfach eine Unternehmensfunktion. Die Strategie ist primär. Alles andere ist sekundär.

2. Allgemeine Agonistik

2.1 Wissen

2.1.1 Strategie als Wissen

In der Strategie geht es primär um die Erzeugung und Anwendung von Wissen, also um Wissensoperationen.

2.1.2 Abstammung des Wissens

Alles Wissen auf der Welt rührt von einem der sieben Wissenstypen her, auch das strategische Wissen. Strategisches Wissen gehört zu einem Wissenstyp, den ich »Agonistik« nennen möchte.

2.1.3 Wissen und Evolution

Das Wissen ist aus der Evolution heraus entstanden. Das Wissen hängt eng mit der Entwicklung von Denken und Bewusstsein zusammen. In der Evolution steht das Überleben der Arten bzw. die Entstehung neuer Arten im Vordergrund. Das Wissen hat also einen ernsten, kampfbetonten Hintergrund. Strategie weist am deutlichsten von allen Wissenstypen auf diese Abstammung hin.

2.1.4 Denken und Speichern

Wissen wird durch Denken erzeugt, dann wird es gespeichert, sonst geht es verloren. Es gibt externe Speicher, aber auch einen internen Speicher, nämlich das Gedächtnis. Will ich eigenes oder fremdes Wissen verwenden, muss ich es aus dem Speicher holen und denken. Durch das Denken von Speicherwissen entsteht mehr oder weniger neues Wissen, das wiederum gespeichert werden muss, wenn es nicht verloren gehen soll.

2.1.5 Altes und neues Wissen

Wissen ist zunächst nur individuelles Wissen. Alles, was ich mir denke, ist altes oder neues Wissen. Ich kann nicht etwas denken, das nicht Wissen ist. Ich denke immer etwas, das bereits gedacht

wurde oder ich denke etwas Neues. Nur einen Bruchteil davon gebe
ich an andere Menschen weiter.

2.1.6 Quantität und Qualität des Wissens

Wissen ist vor allem Quantität und nicht Qualität. Beim Wissen
geht es nicht nur um Wahrheit und Erkenntnisfortschritt, sonst
müssten wir ja von Erkenntnistypen sprechen und nicht von Wissenstypen.
Neue Erkenntnis kann man mit jedem Wissenstyp erlangen, nicht
nur mit Wissenschaft. Mit jeder ernsthaften neuen Religion wissen
wir mehr über das Göttliche und mit jedem Kunstwerk wissen wir
mehr über Kunst.
Es geht bei der Wissensarbeit nicht nur um Klarheit. Wissensarbeit
ist oft wie ein Herumirren im Nebel. Oft genug müssen wir uns mit
mangelhaftem persönlichem oder gesellschaftlichem Wissen begnü-
gen. Oft genug wollen wir die ganze Wahrheit gar nicht kennen. Sehr
viel Wissen ist uninteressant, langweilig, kurzlebig und unwichtig.
Vom Wissen der Menschen, das an andere Mitglieder der Gesellschaft weitergegeben wird, geht quantitativ gesehen nur sehr wenig
dauerhaft in die Gesellschaft ein. Unsere moderne Gesellschaft hat
andere Möglichkeiten der Speicherung als frühere Gesellschaften.
Gleichzeitig wird auch viel mehr speichernswertes Wissen erzeugt.
Wir können zu Recht von Wissensgesellschaft sprechen.

2.1.7 Wissen und Gesellschaft

Wissen ist eine gesellschaftliche Kategorie. Die Gesellschaft prägt uns
durch Wissen. Die Gesellschaft bringt uns Denken und Sprache bei.
Durch die Sprache werden Wissenserzeugung und Wissensweiterga-
be enorm dynamisiert. Wir geben unser Wissen an die Gesellschaft
weiter. Die Gesellschaft häuft immer mehr Wissen an. Der Mensch
als einzelner Wissensarbeiter muss nicht das Rad immer wieder neu
erfinden. Wir können auf das gesellschaftliche Vorwissen zurückgreifen. Ohne Gesellschaft gibt es kein Wissen und ohne Wissen gibt es
keine Gesellschaft. Tiere können Werkzeuge gebrauchen. Schimpan-
sen können lernen mit Steinen Nüsse zu knacken. Trotzdem kann
man noch lange nicht von Wissen und Gesellschaft sprechen.

2.1.8 Denken im weiteren Sinne

Den Begriff »Denken« verwende ich hier in einem weiten Sinne:
Denken ist begriffliches, strukturelles und emotionales Denken.

Strukturelles Wissen entsteht zum Beispiel, wenn wir Musik hören. Die Musik erfassen wir primär nicht-begrifflich. So kann ich einen Komponisten an bestimmten Strukturen erkennen, auch wenn ich die betreffende Musik noch nie gehört habe. Das emotionale Erleben eines Menschen ist auch Denken und Wissen, eben emotionales Wissen. Die drei Dimensionen des Denkens lassen sich beim Denken nicht streng voneinander trennen. Beim rationalen Denken sind immer auch Gefühle mit im Spiel. Wenn ich Musik höre, wird zusätzlich mein begriffliches und emotionales Denken aktiviert. Ich interessiere mich in dieser Arbeit nur für begriffliches Wissen bzw. nur für nicht-begriffliches Wissen in einem primär begrifflichen Kontext. Ich bestreite aber nicht, dass nicht-begriffliche Arbeit mit nicht-begrifflichem Wissen oft wichtiger ist. So muss ein Sportler sein Körperwissen primär nicht-begrifflich erarbeiten.

2.1.9 Wissen als historisches Wissen

Streng genommen ist jedes Wissen historisches Wissen. Wissen, das ich aus einem Speicher hole, denke ich jedes Mal anders. Kein Denkvorgang gleicht einem anderen völlig. Könnte ich mich selbst beobachten ohne das Denken zu beeinflussen und das Gedachte in einem Denkprotokoll festhalten, so würde kein Protokoll einem anderen völlig gleichen. Es kommt auf jede Nuance an und auf die Reihenfolge der Gedanken und Gefühle.

Aber auf diese Historisierung werden wir in der Wissenspraxis keinen Wert legen. Es gibt natürlich Bereiche und Situationen, in denen jedes Detail zählt, wie z. B. bei einer Zeugenaussage vor Gericht. Wir müssen uns und die Gesellschaft vor unnötigem Wissen schützen. Lese ich das Werk eines Schriftstellers, wird niemanden interessieren, dass durch mein Lesen zusätzliches Wissen entsteht, da ich ja nicht neue wichtige Aspekte herausholen kann.

2.1.10 Vorwissen

Die Gesellschaft hat viele Möglichkeiten Wissen zu speichern. Das Wissen in den Speichern ist immer verschlüsselt. Ich benötige also zusätzliches Wissen, damit mir das verschlüsselte Wissen zugänglich ist. Bei sprachlichem Wissen muss ich die betreffende Sprache kennen um den gespeicherten Text zu verstehen. Betrachte ich eine Fotografie, muss ich die Person auf dem Foto kennen, wenn ich das Bild ganz verstehen will. Ich brauche Vorwissen, damit ich neues Wissen erwerben kann. Wir sind beim Wissenserwerb also auf die

Gesellschaft angewiesen. Es gibt verschiedene Grade von Vorwissen. Einen Text kann ich nur lesen, wenn ich diese Sprache verstehe. Damit weiß ich aber eventuell noch lange nicht, was damit gemeint ist.

2.1.11 Dinge als Speicher

Die Dinge sind Speicher. Hebt man einen Stein vom Boden auf und betrachtet ihn, wird er einiges über sich verraten, vor allem wenn man geologisches Vorwissen besitzt. Da er klein ist, wird ihn jedenfalls niemand für einen Mühlstein halten.

2.1.12 Tierisches Denken

Tiere können denken und sie haben auch Bewusstsein. Eine Katze sieht eine Maus und weiß sofort, was das ist. Natürlich hat die Katze kein Selbstbewusstsein. Auch für die Tiere gilt, dass sie emotional, strukturell und begrifflich denken. Sogar die sprachlichen Fähigkeiten mancher Tiere dürfen nicht unterschätzt werden. Papageien lernen eventuell nicht nur Worte nachzusprechen, sie wissen auch, was etliche abstrakte und konkrete Begriffe bedeuten. Bei den Tieren gibt es keine Gesellschaft und kein (gesellschaftliches) Wissen, aber das, was sie »wissen« (denken), können sie für sich einsetzen.

2.1.13 Unbewusste Informationsverarbeitung und unbewusstes Wissen

Meiner Meinung nach muss man zwei Bereiche des Unbewussten unterscheiden. Es gibt unbewusste Informationsverarbeitung und unbewusstes Wissen. In unserem Körper bzw. in unserem Nervensystem laufen sehr viele Informationsprozesse ab, die uns nicht bewusst sind. Die Evolution hat viele Millionen Jahre Zeit gehabt unsere Informationsintelligenz (als Systemintelligenz) immer weiter aufzubauen.

2.1.14 Ich und Tiefen-Ich

Bei Wissensprozessen brauchen wir ein denkendes Ich. Ohne Ich gibt es kein Denken und ohne Denken gibt es kein Wissen. Das Wissen, das in den Speichern steckt, soll auch einmal gedacht werden bzw. in neue Denkzusammenhänge gebracht werden.

Unbewusstes Wissen wird vom Tiefen-Ich gedacht. Aus der Sicht des bewussten Denkens ist das unbewusste Wissen kein Wissen. Es ist ja dem Denken bzw. dem denkenden Ich höchstens symbolisch zugänglich. Indirekt haben wir zum unbewussten Wissen über die Wirkung des unbewussten Wissens Zugang.

2.1.15 Abstraktes und konkretes Wissen

Es gibt abstraktes und konkretes Wissen. In einer völlig abstrakten Wissenseinheit kommen nur abstrakte Begriffe vor. Konkrete Begriffe beziehen sich auf etwas Historisch-konkretes, Individuelles. Konkrete Begriffe beziehen sich auf Dinge. Dinge sind konkrete Einzeldinge. Ein bestimmter Stein ist ein Ding. Das abstrakte Element, das alle Steine gemeinsam haben, ist kein Ding. Das abstrakte Element der Dinge erfassen wir mit abstrakten Begriffen. Das abstrakte Element möchte ich »Methode« nennen.

Nur die Dinge können mit einem »Namen« belegt werden, z. B. Mittelalter, Afrika, IBM, John Wayne etc. Menschen sind auch Dinge in diesem Sinne. Es gibt viele Unternehmen, eines davon ist IBM. Das Autokennzeichen ist der offizielle Name für jedes im Verkehr zugelassene Auto.

Konkrete Begriffe (Namen) sind »inhaltliche Begriffe« und konkretes Wissen ist »inhaltliches Wissen«.

2.1.16 Das methodische Prinzip

Für Methoden gilt das methodische Prinzip: Das Ergebnis hängt von der verwendeten Methode ab. Methoden sind Werkzeuge.

Verwende ich einen Begriff, so bin ich an die Leistungsfähigkeit dieses Begriffes bzw. an die Leistungsfähigkeit meiner Definition dieses Begriffes gebunden. Es kommt darauf an, welche Begriffe ich verwende und wie ich sie definiere. Bei der Definition besteht ein Definitionsspielraum. So kann ich den Begriff »Nachbar« unterschiedlich definieren, je nach Zweck. Das Element »Nähe« muss allerdings erhalten bleiben.

Immer geht es um die Überlegung, ob eine andere Definition, ein anderer Begriff, also eine andere Methode besser geeignet ist. Begriffsarbeit ist normativ.

2.1.17 Wertfreie Erkenntnis ist nicht möglich

Streng genommen ist auch die Naturwissenschaft normativ. Auch Einstein konnte nicht zum wahren Wesen von Energie und Materie vordringen. Die Natur ist in der Realität ungeteilt. Die Natur ist rätselhaft. Die Wissenschaft geht aber nicht synthetisch vor, sondern analytisch und trennt in Astronomie, Physik, Chemie, Biologie, Geologie etc. Auch Leben, Gesellschaft und menschlicher Geist sind aus der Materie heraus entstanden. Können wir das von der Natur trennen? Mit Mathematik allein werden wir der Natur nicht völlig gerecht, so elegant die Kalküle sein mögen. Wertfreie Erkenntnis ist nicht einmal in der Naturwissenschaft möglich, wenn man strenge Maßstäbe anlegt. Da man meiner Meinung nach Erkenntnis und Wissenserzeugung nicht ohne zu werten von der Wissensverwendung trennen kann und die Wissensverwendung durch und durch normativ ist, gibt es keine wertfreie Erkenntnis.

2.2 Wissenstypen

2.2.1 Normativität von Gesellschaft und Wissen

Die gesellschaftlichen Strukturen und Prozesse sind immer normativ. Sie stehen unter permanentem Veränderungs- und Rechtfertigungsdruck. Die Gesellschaft ist durch und durch normativ.

Die Gesellschaft besteht nicht nur aus Wissen, aber das Wissen ist für die Gesellschaft von zentraler Bedeutung. Wissen ist ohne Gesellschaft nicht denkbar und umgekehrt. Wissen ist auch durch und durch normativ.

2.2.2 Bedeutung des Wissens für die Gesellschaft

Die zentrale Bedeutung des Wissens für die Gesellschaft besteht darin, dass das Wissen die Gesellschaft antreibt. Das Wissen dynamisiert die Vergesellschaftung.

Wissen soll verwendet werden. Wissen soll gesellschaftlich angewendet werden. Wissen soll der Gesellschaft nützen. Deshalb ist es problematisch, zwischen Wissensgewinnung und Wissensverwertung streng zu trennen. Wissen ist etwas, das wir auf die Gesellschaft loslassen und von dem wir nicht wissen, was daraus wird, und das wir nicht mehr zurückrufen können.

2.2.3 Bedeutung der Gesellschaft für das Wissen

Macht und Interesse sind gesellschaftliche Phänomene. Die Gesellschaft ist von zentraler Bedeutung für das Wissen. So können wir fragen, wer beim Definieren der Begriffe die Definitionsmacht hat. Wir können auch nach den allgemeinen und speziellen Erkenntnisinteressen fragen. Zu den allgemeinen Erkenntnisinteressen gehört auch das Interesse an der Wertfreiheit.

2.2.4 Ethik als Wissenstyp

Den Wissenstyp, der sich mit dem breiten gesellschaftlichen Grundstrom befasst, möchte ich »Ethik« nennen. Ethik als Wissenstyp (Ethik im weiteren Sinne) darf nicht mit der gleichnamigen philosophischen Disziplin (Ethik im engeren Sinne) verwechselt werden. Es gibt sechs spezielle Wissenstypen. Wissen, das nicht einem speziellen Wissenstyp zugerechnet wird, ist allgemeines gesellschaftliches Wissen. Begriffe und Wisseneinheiten, die in einem der anderen Wissenstypen entstanden sind und die von gewisser allgemeiner Bedeutung für die Gesellschaft sind, werden auch zu Begriffen und Wisseneinheiten des Wissenstyps »Ethik«. In diesem Wissenstyp werden sie noch mehr normativ aufgeladen.

2.2.5 Gruppenvorstellungen sind nicht Wissen

Nicht nur das Wissen ist normativ, sondern auch die Gesellschaft und ihre Teile. So gibt es bei jeder Gruppe immer normative Gruppenvorstellungen. Diese Vorstellungen sind nicht Wissen. Wissen muss gedacht werden bzw. gedacht werden können. Insofern ist Wissen eine individuelle Sache. Die Gruppe kann nicht denken. Nur die einzelnen Gruppenmitglieder können das. Einzelne Gruppenmitglieder können versuchen die Gruppenvorstellungen zu erfassen. Die Gruppenvorstellungen können auch wissenschaftlich erfasst werden.

2.2.6 Wissen hat immer eine ethische Seite
(im Sinne der Ethik im engeren Sinne)

Neues Wissen greift in die bestehenden normativen gesellschaftlichen Verhältnisse ein, meist nur ganz marginal. Kommt es dadurch zu einer »Verbesserung« dieser Verhältnisse? Wissen führt also bei den Mitgliedern der Gesellschaft zu einer permanenten (zumindest latenten) ethischen Diskussion.

Die ethischen Diskussionen im Rahmen der Ethik im engeren Sinne sind nur Sonderfälle dieser allgemeinen, permanenten Diskussion. In der Ethik im engeren Sinne werden Methoden für ethische Diskussionen entwickelt und verfeinert.

Wissen hat also immer eine ethische Seite. Wissen gibt den Menschen Wahlmöglichkeiten für ihre Handlungen. Diese Freiheit bedeutet aber auch Verantwortung. Wenn wir handeln, dann können wir uns nicht auf höhere Instanzen berufen, die uns die Verantwortung abnehmen und uns vom ethischen Joch befreien. Auch die wissenschaftliche Wahrheit ist keine verlässliche Instanz.

2.2.7 Von der Ethik zu anderen Wissenstypen

Der breite gesellschaftliche Grundstrom des Wissens kann nicht alle Bedürfnisse des Menschen erfüllen. Deshalb haben sich andere Wissenstypen entwickelt. Dabei gibt es fließende Übergänge zwischen Ethik und den anderen Wissenstypen und die Abgrenzung ist oft schwierig. Nicht nur wissenschaftliche Experten interessieren sich für gesellschaftliche Phänomene. Auch ein Laie hat seine »Theorien«. Diese »Theorien« sind ethisches Wissen.

2.2.8 Wissenschaftliches Wissen

Wissenschaftliches Wissen im engeren Sinne ist das Wissen, welches von den Wissenschaftlern erzeugt wird. Der Positivismus ist hier streng, aber ich glaube, dass Wissen nicht nur eine qualitative, sondern auch eine quantitative Sache ist. Deshalb sollten wir sehr großzügig sein: Vorarbeiten, Vorurteile, Präferenzen, fehlgeschlagene Versuche, Irrwege, Irrtümer, Gespräche mit Kollegen über die Arbeit etc. sind für mich wissenschaftliches Wissen.

Philosophisches Wissen, das von der Wissenschaft aufgenommen wird, wird zu wissenschaftlichem Wissen. So wimmelt es in der Sozialwissenschaft nur so von philosophischen Begriffen.

Wendet ein Wissenschaftler oder ein wissenschaftlich ausgebildeter Praktiker wissenschaftliches Wissen in der Praxis an, dann ist er nicht wissenschaftlich tätig. Wissenschaftliche Experimente sind damit natürlich nicht gemeint.

Wird das Wissen einer wissenschaftlichen Arbeit vom Grundstrom des Wissens aufgesaugt, dann wird dieses Wissen auch zu ethischem Wissen. Das Wissen aus den speziellen Wissenstypen ist potenziell immer auch ethisches Wissen.

Wissenschaft im weiteren Sinne bedeutet, dass jeder, der wissenschaftliches Wissen »von gewisser Bedeutung« erzeugt, auch wenn er das gar nicht beabsichtigt oder wenn ihm das gar nicht bewusst ist, insoweit ihm Rahmen dieses Wissenstyps tätig ist. Die Grenze zwischen Wissenschaft und den anderen Typen kann also nicht eindeutig und allgemein gültig gezogen werden. Die Wissenstypen werden nicht nur von den jeweiligen Fachleuten vorangetrieben.

2.2.9 Der Übergang von der Ethik zu den anderen Wissenstypen

Wenn die Archäologen erstaunlich gut gemachte Höhlenmalereien entdecken, können sie nur Vermutungen anstellen, warum diese entstanden sind. Die Schöpfer solcher Kunstwerke können wir ruhig Künstler nennen, auch wenn sie primär in religiöser (oder sonstiger) Absicht gemalt haben.

Glaubt eine Gruppe von Steinzeitmenschen, eine andere Gruppe sei »schlecht«, so ist das wohl noch nicht Ideologie, sondern Ethik. Erst wenn die Gruppe anfängt komplexere Vorstellungen über sich und die anderen zu entwickeln, können wir von Ideologie sprechen. Die Grenzen zwischen der Ethik und den anderen Wissenstypen müssen immer wieder neu gezogen werden. Für uns ist die Zahl Null eine Selbstverständlichkeit. Die Einführung der Zahl Null stellt jedoch eine große wissenschaftliche Leistung dar. Diese Methode (die Zahl Null) ist übrigens ein Beispiel dafür, wie die Ethik durch die anderen Wissenstypen bereichert wird.

Sieht man ein gottähnliches Wesen als Verursacher von beeindruckenden Phänomenen (Blitzen etc.) an, so ist das eher noch Ethik. Wenn dieses Wesen einen Namen bekommt, fängt die Religion an.

Die Regeln, die das Zusammenleben der Steinzeitmenschen betrafen, waren wahrscheinlich von einer ausgefeilten philosophischen Ethik (Ethik im engeren Sinne) noch ziemlich weit entfernt.

Führt ein primitiver Stamm gegen einen Nachbarstamm Krieg, kann man noch nicht von Strategie sprechen. Das dabei eingesetzte Wissen ist primär ethisches Wissen. Wenn diese Menschen auf die Jagd gehen ist das nicht Wissenschaft oder Strategie, trotz raffinierter Jagdtechniken.

2.2.10 Die sieben Wege zum Wissen

Aus der Ethik haben sich die sechs anderen Wissenstypen entwickelt. Die sieben Wege zum Wissen dienen der Lösung von Problemen. Sie geben uns Sinn. Sie machen uns Hoffnung. Sie ergänzen sich. Sie machen das Leben interessant und wertvoll. Sie machen uns zu Menschen. Aber die einzelnen Wege zum Wissen lösen nicht nur Probleme, sie machen auch welche. Jeder Wissenstyp hat seine Abgründe. Jeder Wissenstyp leistet etwas anderes. Jeder Wissenstyp ist methodisch anders strukturiert. Jeder Wissenstyp hat Vor- und Nachteile.

Die Wissenstypen erfüllen echte Bedürfnisse der Gesellschaft. Man kann keine neuen Wissenstypen erfinden. Gesellschaft, Wissen und Wissenstypen entstehen gleichzeitig. Ist die Gesellschaft entstanden, so hat sie auch die sieben Wissensgrundbedürfnisse. Falls es irgendwo im Weltraum menschenähnliche Wesen gibt, haben sie vermutlich auch die sieben Wissenstypen zur Verfügung, stellen tiefe Fragen jenseits der Wissenschaft, glauben an eines oder mehrere höhere Wesen und unterscheiden zwischen Gut und Böse. Sie kennen vermutlich Knappheit, Gruppeninteressen, Konflikte und Kampf, und in ihrer Welt gibt es dann wahrscheinlich Werte wie Schönheit, Gerechtigkeit und Wahrheit.

Bisher ist es noch nicht gelungen einen Wissensbereich abzuschaffen oder Wissensbereiche durch einen anderen Wissensbereich dauerhaft zu dominieren. Im Mittelalter hatte die Religion eine starke Stellung. In den kommunistischen Gesellschaften ist es die Ideologie, welche die anderen Wissenstypen kontrollieren will.

2.2.11 Strategie ist keine Wissenschaft und keine Kunst

Strategie ist keine Wissenschaft und keine Kunst. Wie der Künstler, der ein Bild malt, braucht der Stratege möglichst viel Methode, Talent, Intuition, Erfahrung, Kreativität, Persönlichkeit und großes Wissen in vielen Bereichen. Nicht nur der große Stratege hat viel davon zur Verfügung, sondern auch der gute Philosoph und all die anderen hervorragenden Wissensarbeiter aus den verschiedenen Wissenstypen. Kunst kommt also nicht von Können. In jedem Wissenstyp muss man viel können.

2.2.12 Ethik im weitesten Sinne

Wenn ich von Ethik im weitesten Sinne spreche, sehe ich die speziellen Wissenstypen als Teil der Ethik im weiteren Sinne, als ob die Abspaltung von der Ethik im weiteren Sinne noch nicht stattgefunden hätte. Diese Vorgehensweise ermöglicht abstrakte Aussagen, die alle Wissenstypen berühren.

Es gibt privates und öffentliches ethisches Wissen. In einer kleinen primitiven Gesellschaft arbeitet die Ethik im weitesten Sinne mit sehr viel privatem Wissen, vor allem weil jeder jeden ganz genau kennt. Die Ethik im weitesten Sinne wird dadurch prinzipiell nicht eingeschränkt.

Bei der Ethik im weitesten Sinne geht es insbesondere um das Funktionieren der Gesellschaft, z. B. um das Berufswissen, oder um das Wissen der verschiedenen Subgesellschaften (Wirtschaft, Politik, Wissenschaft etc.). Das ethische Wissen im weitesten Sinne ermöglicht der Gesellschaft die Ausbildung der Phänomene Kultur und Geschichte. Die Ethik im weitesten Sinne macht ständige Gesellschaftsanpassungen notwendig. Sie liefert aber auch das Wissen, das für diese Anpassungen benötigt wird.

Beim ethischen Wissen geht es für den einzelnen Menschen vor allem um das Leben, um sein Leben, um den Sinn des Lebens, um den Sinn seines Lebens und um Sinn und Zweck aller gesellschaftlichen Phänomene.

2.2.13 Logik der Wissenstypen

Ich möchte die einzelnen Wissenstypen mit einem einzigen Begriff kurz vorstellen. Der jeweilige Begriff soll die Logik eines Wissenstyps zum Ausdruck bringen.

Jeder Wissenstyp ist die Antwort auf ein menschliches Wissensgrundbedürfnis und stellt die Methode dar um das Grundbedürfnis befriedigen zu können (z. B. das Bedürfnis in die Tiefe zu gehen). Die Wissenstypen sind insofern wirksam.

Ein Wissenstyp kann sich also nur ausbilden und Wirksamkeit erlangen, wenn er eine bestimmte Logik besitzt. Weil ich die Logik des »Fragens« zur Verfügung habe, kann ich Philosophie betreiben und die Wirkung philosophischer Phänomene durch entsprechende Methoden zu erfassen suchen.

2.2.14 Logik der Kunst

In der Kunst geht es um das »Schaffen«. In einem kreativen Prozess entsteht ein Werk. Das Werk ist etwas Fertiges, Abgeschlossenes und Endliches. Das Werk ist aber gleichzeitig die Tür zur Unendlichkeit. Hinter der Tür beginnt das nicht zu beendende Spiel der Interpretationen. Der Schaffensprozess ist sehr geheimnisvoll. Das Kunstwerk ist auch dem Künstler ein Rätsel. In das Werk fließt begriffliches Wissen, Wissen über nicht-begriffliche Strukturen, emotionales, bewusstes und unbewusstes Wissen ein. Das Können des Künstlers, resultierend aus Talent, Erfahrung, Persönlichkeit und Wissen, bestimmt primär die Qualität eines Kunstwerkes. Kunstwerke gehören zu den Werken im weiteren Sinne. Strategien sind auch Werke im weiteren Sinne.

2.2.15 Strukturalismus

Die einzelnen Wissenstypen haben mit Begriffen zu tun, die auch für die anderen Wissenstypen von großer Bedeutung sind. Solche Strukturen sind z. B. Erkenntnis, Ideologie, Wahrheit, Werk, Wert, Begriff, Vision, Durchsetzung etc.

2.2.16 Logik der Religion

Der zentrale Begriff der Logik der Religion ist das »Glauben«. Der Glaubende will das Transzendente intensiv und meist primär begrifflich erfahren. Das Göttliche erschließt sich nur dem Glaubenden. Menschen, die nicht religiös sind, sehen religiöses Wissen aus der Sicht der anderen Wissenstypen.

Für Menschen, die an eine bestimmte Religion glauben, sind auch die anderen Religionen sehr interessant. Sie wollen wissen, wie andere Religionen das Göttliche sehen. Dadurch erfahren sie viel über die eigene Religion. Das Wissen des Glaubenden über andere Religionen ist also religiöses Wissen.

2.2.17 Logik der Ideologie

In der Ideologie steht das »Vorstellen« im Zentrum bzw. irgendeine Vorstellung, die für die ganze Gesellschaft gültig sein soll, bzw. die Vorstellung einer idealen Gesellschaft aus der Sicht einer Gruppe. Diese Vorstellungen erfolgen nicht neutral als kühle Einsicht in die Welt der Ideen. Ist die Wissenschaft kalt und rational, so ist die Ideologie eher heiß und emotional. Die Anhänger fühlen sich zu diesen Vorstellungen hingezogen, so als wäre gleichsam ihr Wille ganz oder teilweise ausgeschaltet. Von außen betrachtet sind die Vorstellungen für sie Ziele, die sie mit großem missionarischen Eifer anstreben. Die Anhänger fühlen sich als Gruppe, als Partei. Sie wissen: Es gibt noch andere Gruppen und Parteien. Sie wissen: Das bedeutet Auseinandersetzung mit diesen Leuten. Das kann die Anhänger nicht kalt lassen. Die Anhänger wollen, dass sich ihre Ideologie durchsetzt. Potenzielle Anhänger sollen überzeugt und gewonnen werden. Die Partei, Organisation, Gruppe etc. soll strategisch geführt werden.

Bezeichnet man Philosophen oder Wissenschaftler als Ideologen, dann werden diese darüber nicht sehr erfreut sein. Man unterstellt ihnen dabei, dass ihre Interessen bewusst oder unbewusst zu sehr in ihre Erkenntnisse eingeflossen sind. Der Agonistiker dagegen ist ganz offen darauf aus seine Interessen durchzusetzen. Sieht man Religion als ideellen Überbau einer Gruppe, die mit anderen Gruppen konkurriert, so sieht man sie als Ideologie. Unter diesem Aspekt müssen sich die Religionen nicht nur gegen andere Religionen, sondern auch gegen andere Ideologien behaupten.

2.2.18 Logik der Philosophie

In der Philosophie steht das »Fragen« im Mittelpunkt. Der Philosoph will in Frage stellen, die richtigen Fragen stellen, den Dingen durch Fragen immer weiter auf den Grund gehen und zu den letzten Fragen (Kernfragen, Grundfragen) gelangen. Uralte Fragen der Philosophie tauchen in neuem Gewand immer wieder auf. Die Philosophie kann auch über sich selbst nachdenken. Die Philosophie der Philosophie ist aber nur einfache Philosophie. Denkt jedoch die Wissenschaft über sich selbst nach, dann landet sie in der Philosophie. Die Philosophie formuliert die Grundfragen des Wissens und der einzelnen Wissenstypen.

2.2.19 Logik der Ethik

»Werten« ist der zentrale Begriff der Logik der Ethik. Ethisches Wissen ist Wissen, das von gesellschaftlichen Insidern gedacht und verwendet wird, von Menschen, die zutiefst in das soziale Geschehen verstrickt sind. Soziologie und Sozialwissenschaft sehen die Gesellschaft mehr von außen. Ethisches Wissen ist durch und durch normativ. Ethisches Wissen ist nicht neutral. Die einzelnen Wissenselemente müssen ständig aufeinander abgestimmt werden. Das ethische Wissen wird in den jeweiligen Interessens- und Lebenslagen erzeugt und verwendet: Alltag, Beruf, Kultur, Familie, Freizeit, Sport, Organisationen, Institutionen, Arbeit, Staat, Recht, Politik etc. Wissen aus den anderen Wissenstypen kann auch in den ethischen Sog geraten und primär zu ethischem Wissen werden.

2.2.20 Logik der Wissenschaft

In der Wissenschaft befasst man sich mit dem »Suchen«. So sucht der Wissenschaftler nach einer Erklärung für bestimmte Vorgänge. Er sucht nach einer Lösung, die möglichst viele Widersprüche beseitigt. Er untersucht, wie sich die Menschen tatsächlich in einer bestimmten Situation verhalten. Er erkundet die Meinung der Menschen. Er sucht nach Dingen, die seine Ansichten stützen oder widerlegen. Er schaut, ob die neuen Begriffe besser sind als die alten. Er schaut, ob seine methodische Basis tragfähig ist. Er sucht nach Ursachen. Er ist auf der Suche nach der Wirklichkeit, dem Machbaren, der Wahrheit und dem Fortschritt.

Der Wissenschaftler soll bei seiner Arbeit keine Werturteile abgeben. Meiner Meinung nach gelingt das in der Praxis nicht.

Wissenschaftliches Wissen ist kein Selbstzweck. Es soll angewendet werden. Die Anwendung ist jedoch nicht mehr Wissenschaft.

Meiner Meinung nach geht es in der Sozialwissenschaft vor allem darum, die Grundbegriffe für einen wissenschaftlichen Ansatz zu finden bzw. zu schauen, ob sich der Ansatz bewährt. Die Positivisten sind da allerdings anderer Meinung.

2.2.21 Logik der Agonistik

In der Agonistik geht es um das »Durchsetzen«. Das ist die Logik der Agonistik. Andere Begriffe können die Logik der Agonistik nicht so gut erfassen, z. B. der Begriff »Kämpfen«. Oft geht es gerade darum, einen Kampf zu vermeiden. Wenn ein Lehrer für den Unterricht in seiner Schulklasse eine Strategie entwirft, dann ist dieser Begriff hoffentlich nicht angebracht. Auch die Begriffe »Sieg« und »Erfolg« bedeuten eine Einschränkung dieser Logik. Vielleicht geht es bei einer Strategie nicht um Sieg, sondern um die Vermeidung von Fehlern, die zu einer Niederlage führen können. Die Ausgangslage erlaubt vielleicht keinen Sieg. Die Durchsetzung muss auch nicht gegen übermächtige Gegner erfolgen. Vielleicht werden schon rechtzeitig die Weichen für eine erfolgreiche Durchsetzung gestellt, wenn noch keine Gegner bzw. keine starken Gegner vorhanden sind. Man kann auch versuchen übermächtigen Gegnern auszuweichen. Durchsetzung bedeutet auch nicht Überanstrengung.

2.2.22 Monismus und Pluralismus

Die Agonistik als Wissenstyp ist dreigeteilt in Logik, Methode und konkrete Strategie. Keine agonistische Methode darf von sich behaupten, sie wäre perfekte Durchsetzung. Diese monistische Position ist nicht haltbar. Ich bin für Pluralismus. Es gibt enorm viele Durchsetzungsmethoden.

Eine Methode auszuwählen bedeutet prinzipiell sich auf Fehler einzulassen. Keine Methode ist perfekt. Methodische Fehler sind oft gefährlich für den Strategen. Da genügen schon vermeintlich kleine Fehler. Es gibt viele Fallen, in die man tappen kann. Das ist eine Eigenheit der Agonistik. Um Fehler zu vermeiden muss man schon viel von Agonistik verstehen. Um Agonistik zu lernen muss man Agonistik betreiben und damit Fehler machen. Den Monismus halte ich für einen Fehler bzw. für eine Falle.

Es ist zunächst nichts dagegen einzuwenden, dass man eine bestimmte Durchsetzungsmethode liebt, nur diese Methode anwendet und von dieser Methode völlig überzeugt ist. Man soll aber nicht glauben, diese Methode hätte das Wesen der Durchsetzung perfekt erfasst, sonst unterschätzt man andere strategische Methoden.

2.2.23 Philosophie der Agonistik

Was ist Agonistik? Wenn wir uns bemühen diese Frage zu beantworten, betreiben wir Philosophie. Die Philosophie der Agonistik versucht das Wesen der Agonistik und damit der Strategie möglichst gut zu erfassen. Die »Philosophie der Agonistik« ist ein Begriff bzw. eine Methode. Sie ist eine Methode aus dem Wissenstyp »Philosophie«.

Was leistet der Begriff »Philosophie der Agonistik« bzw. der Begriff »Philosophie der Strategie«? Welche Unterbegriffe kommen dabei zum Einsatz? Es geht mir vor allem um die Begriffe »Wissen«, »Wissenstyp«, »Logik«, »Methode«, »konkrete Strategie«, »Metamethode« und »Prinzipien der Metamethode«. Auf die vielen Unter-Unterbegriffe kann ich an dieser Stelle nicht eingehen.

2.2.24 Tätigkeit als Agonistiker

Ein Agonistiker kann Philosophie der Agonistik betreiben, sich mit agonistischer Theorie befassen, also mit den agonistischen Methoden, oder an einer konkreten Strategie bzw. Taktik arbeiten. Das allgemeine Nachdenken über die Metamethode ist Philosophie. Das Einnehmen einer speziellen metamethodischen Position ist auch Philosophie.

Die Arbeit an einer konkreten Strategie ist Philosophie (z. B. die Verteidigung der eigenen Strategieauffassung), reine Theorie (Schaffen von Methoden, Auswahl von Methoden), Planung (Aufstellen einer konkreten Strategie) und Durchführung. In der historischen Welt der konkreten Strategien stehen die Wissensanwendung und die Verantwortung des Strategen im Mittelpunkt.

Eine konkrete Strategie hat ihre Methode aus dem bereits vorhandenen agonistischen Wissen abgeleitet oder die Methode wurde für diese Strategie neu geschaffen. Umgekehrt bedeutet eine neue, in der Praxis erfolgreiche Methode eine Bereicherung der agonistischen Theorie. Diese Methode kann den anderen Strategien als Vorbild dienen. Es gibt enorm viele agonistische Methoden von bekannten und unbekannten Schöpfern.

2.2.25 Dreiteilung der Wissenstypen

Auch in den anderen Wissenstypen gibt es die Dreiteilung in Logik, Konkretisierung und abstrakte Begriffswelt (Methode). Der Begriff »Glaube« steht für die Logik der Religion. »Eingottglaube« ist ein methodischer Begriff. Der »Islam« ist eine konkrete Religion. In der Ethik kann man unzählige Beispiele für Abstraktionen und entsprechende Konkretisierungen (z. B. Demokratie und bestimmte konkrete Regierung) finden. Die Wissenschaft verwendet konkretes Wissen um abstraktes Wissen zu finden und zu überprüfen. Das abstrakte Wissen ist das Ziel.

Gesellschaft, Geschichte, Mensch und Natur stehen hinter den Wissensgrundbedürfnissen. Diese Kräfte erzeugen das Phänomen »Knappheit«. Die Knappheit und die Durchsetzungslogik führen zur Agonistik.

2.2.26 Strategie als Disziplin

Meiner Meinung nach kann ein Stratege der Agonistik nicht entrinnen, auch wenn er noch nichts von Agonistik gehört hat. Stra-
tegieanwendung ist nämlich immer und ausschließlich Sache der
Agonistik.

Verwendet ein Manager eine wissenschaftliche Strategiemethode, ist er trotzdem Agonistiker: Er wählt diese Methode aus, akzeptiert sie und macht sie durch die Anwendung zu einer agonistischen
Methode. Die Methode wurde also in den Wissenstyp »Agonistik«
transferiert und in einen agonistischen Kontext gebracht.

Die Sozialwissenschaft schränkt die Strategie viel zu sehr ein. So
bleibt die Strategie unter ihren Möglichkeiten. Die Sozialwissenschaft
hat nicht die richtige Strategieauffassung. Die Strategie steht nicht im
Dienst der Sozialwissenschaft. Die Strategie ist eine eigene Disziplin.

Militärstrategie (Clausewitz) und Agonistik der Politik (Machiavel-
li) sind nur spezielle agonistische Anwendungsbereiche. Es gibt noch
viele solche Bereiche. Agonistische Innovationen in einem Bereich
sind meist auch für die anderen Bereiche interessant. Deshalb geht
die Bedeutung von Clausewitz weit über die Militärstrategie hinaus.
Clausewitz kann jedoch nicht alle Aspekte von Strategie abdecken.

Der Begriff »Krieg« bei Clausewitz ist nicht so abstrakt wie der Begriff »Durchsetzung« in der Agonistik. Vieles, was agonistisch wichtig ist, wird von der Militärstrategie nur am Rande behandelt. Ein
Politiker bewegt sich in einem anderen Umfeld als ein Militär und
er hat andere Aufgaben und Probleme.

Krieg führen ist aber eine sehr alte Sache und im Krieg geht es um
sehr viel. Dort wird mit großem Ernst gekämpft, und so sind mi-
litärstrategische Begriffe von großer Bedeutung für die Agonistik.
Auch der Begriff »Strategie« stammt ja aus dem Militärbereich.

2.3 Methode

2.3.1 Abstrakte Begriffe und abstrakte Wissensfiguren

Unser abstraktes Wissen steckt in den abstrakten Begriffen, also
in den Methoden. Es gibt abstraktes und konkretes Wissen. Begriffe sind abstrakt (methodisch) oder konkret (inhaltlich). Abstrakte
Wissenseinheiten möchte ich »Wissensfiguren« nennen. Ein einzelner abstrakter Begriff ist schon eine einfache abstrakte Wissensfigur.
Es gibt auch mehr oder weniger komplexe abstrakte Wissensfiguren
mit mehr als einem abstrakten Begriff.

Jeder abstrakte Begriff wird auf bestimmte Weise definiert. Jede abstrakte Wissensfigur wird bei der Wissenserzeugung bzw. beim Wissenseinsatz so festgelegt. Abstrakte Begriffe und abstrakte Wissensfiguren sind Werkzeuge. Abstrakte Wissensfiguren zu einem Thema können auch anders aussehen. Abstrakte Begriffe für einen bestimmten Zweck können auch anders gewählt werden bzw. anders definiert werden. Abstraktes Wissen ist also relativ. Den Methodiker interessiert vor allem: Was leistet ein bestimmter abstrakter Begriff bzw. eine bestimmte abstrakte Wissensfigur? Wo liegen die Stärken und Schwächen?

2.3.2 Philosophie der Methode und Methode der Philosophie

Die philosophischen Begriffe »Wissen«, »Wissenstyp« und »Philosophie« sind Methoden. Sie sind Methoden aus dem Wissenstyp »Philosophie«. Jede ernsthafte Auffassung zum Beispiel über »Wissen« gibt der Gesellschaft neue theoretische und praktische Möglichkeiten. Die Gesellschaft verfügt über ein neues Werkzeug. Konservative Kritiker sind dagegen eher der Meinung, dass wir schon genug Werkzeuge haben.

Aus der Sicht der Philosophie der Methode stellen die verschiedenen philosophischen Begriffe Methoden dar, wie die abstrakten Begriffe aus den anderen Wissenstypen. Die Philosophie der Methode macht also Aussagen über die Philosophie. Insofern ist sie auch Philosophie der Philosophie. Die Philosophie denkt dabei über sich selbst nach. Philosophie der Philosophie ist aber nur »einfache« Philosophie. Die Philosophie kann nicht überschritten werden.

Aus der Sicht des Strategen zeigt die Philosophie die Möglichkeiten von Strategie auf durch die Begriffe der verschiedenen Ansätze der Philosophie der Strategie. Strategie ist letztlich Philosophie.

2.3.3 Begriff, Ding, Wissen

Begriff, Ding und Wissen hängen eng zusammen. Ein Ding, ein konkretes Einzelding, ist etwas Geheimnisvolles.

Ich hebe einen Stein vom Boden auf. Mit Sicherheit kann ich nur sagen, dass das Ding, das ich in der Hand halte, tatsächlich existiert. Ich nenne dieses Ding »Stein«.

Ding und Wissen lassen sich nicht streng voneinander trennen. Der Begriff »Stein« stammt nicht von mir, sondern von der Gesellschaft. Durch den Begriff bekommt dieser Stein abstrakte Züge. Hinter dem konkreten Stein verbirgt sich die Methode »Stein«: Ich muss einen Teil meines Vorwissens über Steine zum Einsatz bringen und den Begriff »Stein« definieren. Was in die Methode eingeht, wie also der Begriff im konkreten Fall definiert wird, hängt vom Zweck ab. Will ich den Stein, den ich in der Hand halte, als Wurfgeschoss verwenden? Soll er in meine Gesteinssammlung? Die Definitionen sind nicht neutral. Sie sind normativ. Wenn ich in einem alltäglichen Gespräch den Begriff »Stein« verwende, dann geht diese Definition natürlich nicht in die Tiefe. Eine einfache, standardisierte Definition genügt in einem solchen Fall.

Mein konkreter Stein wird hauptsächlich aus dem Blickwinkel einer bestimmten Definition gesehen, zusammen mit etwas Wissen (Größe, Farbe, Geruch etc.), das für diesen Stein relevant ist.

Ein konkreter Stein ist insofern Methode, soweit ich etwas Abstraktes, das zumindest einige Steine besitzen, betonen will. So kann ich meinen Briefbeschwerer aus Bergkristall auch als mögliches Wurfgeschoss sehen.

Hebe ich einen Stein vom Boden auf, so weiß ich, dass er existiert. Er ist ein Ding. Wir haben es aber auch mit Dingen zu tun, von deren Existenz nicht jeder überzeugt ist. Gibt es einen »Willen«? Gibt es einen »Volkswillen«? Ich habe zwar einen Begriff, aber ein solches Ding kann ich nicht anfassen wie einen konkreten Stein.

Aus methodischer Sicht ist das nicht weiter tragisch, denn auch die Dinge, deren Existenz wir nicht bezweifeln, sehen wir vor allem methodisch und relativ durch die Brille von Vorwissen und Definitionen. Der Begriff »Volkswille« ist eine Methode, die bestimmte Ergebnisse liefert, je nach der verwendeten Definition, ganz gleich, ob wir ein wirkliches Ding vor uns haben oder ein Ding, von dessen Existenz wir nicht überzeugt sind.

2.3.4 Nominalismus

Arbeitet ein Wissensarbeiter aus einem der sieben Wissenstypen mit nominalistischen Begriffen, dann spielt sich das Wissen in den Beziehungen zwischen den Begriffen ab. Die Bedeutung der Begriffe verschwindet aber nicht ganz. Sie wird nur standardisiert und minimiert. Die Positivisten lieben »fruchtbare Begriffe«, mit denen sich viele Relationen herstellen lassen. Solche Begriffe sind zweidimensionale, flächenhafte Begriffe. Sie sind oberflächlich. Sie haben keine Tiefe.

In den Naturwissenschaften wird nicht nach dem Wesen der Dinge gefragt. Nur die Wirkung ist interessant. Was ist Energie? Solche Fragen führen in die Tiefe, und so würde die Naturwissenschaft bald mit beiden Beinen in der Philosophie stehen. Mit einem Bein steht sie bereits in der Philosophie. Auch die Begriffe der Naturwissenschaft sind nur Methoden. Auch die Naturwissenschaft ist nur eine Annäherung an die Wahrheit.

In der Philosophie und in den übrigen philosophienahen bzw. normativen Wissenstypen hat der konsequente Nominalismus keine Chance. Auch nicht in der Sozialwissenschaft. So werden in der Sozialwissenschaft zwar immer wieder Bekenntnisse zu Nominalismus und Positivismus abgelegt, aber von entsprechender Realisierung kann keine Rede sein.

2.3.5 Hypothesen in der Sozialwissenschaft

Der Positivismus in der Sozialwissenschaft will gute Hypothesen formulieren und testen, auf die man dann aufbauen kann.

Es lassen sich aber einfach zu viele Hypothesen bilden. Wird z. B. untersucht, warum jemand Selbstmord begeht, dann kommen Begriffe ins Spiel wie Alter, Bildung, Lebensstandard, Milieu, Einsamkeit, Bindung an Religion, Lebensqualität, Interessen, kulturelle und gesellschaftliche Prägung, Persönlichkeitsmerkmale etc. Versuchen wir Einsamkeit zu definieren, so müssen wir bedenken, dass bestimmte Personen mit Einsamkeit ganz schlecht fertig werden. Welche Arten von Einsamkeit sind besonders gefährlich? Selbst das Phänomen »Alter« ist nicht so leicht zu fassen, wie es zunächst aussieht. So fühlen wir uns emotional und kulturell einer Altersgruppe zugehörig. Vielfältige und komplizierte Relationen zwischen den Erklärungsphänomenen erschweren das Testen der Hypothesen ungemein.

Nicht einmal das zu untersuchende Phänomen »Selbstmord« ist leicht in den Griff zu bekommen. Wie viele Unfälle sind in Wirklichkeit Selbstmorde und erscheinen nicht in der Selbstmordstatistik? Viele Menschen begeben sich in große Gefahr (Auto fahren etc.) und sterben bei so genannten Unfällen. Viele Leute kommen durch Alkohol langsam um und gelten nicht als Selbstmörder.

Den »Selbstmord« kann uns also niemand vollständig »erklären«. Da wir nicht enorm viele Hypothesen testen können, müssen wir anders vorgehen: Das was wir wissen soll möglichst widerspruchsfrei zusammenpassen. Ein »Begriffsgebäude« erklärt den Selbstmord oder eine bestimmte Art von Selbstmord. Die empirische Sozialforschung muss an die Begriffsarbeit noch viel besser angepasst werden. Sie ist zu positivistisch ausgerichtet.

2.3.6 Begriffsarbeit in der Sozialwissenschaft

In den Naturwissenschaften wird mit Nominaldefinitionen gearbeitet. Nur die Wirkung der untersuchten Phänomene ist interessant. Für die Naturbeherrschung reicht das Wirkungsverständnis. Auch in der Sozialwissenschaft kommen wir letztlich an das wahre Wesen der untersuchten Phänomene nicht heran.

Warum müssen wir versuchen, durch Begriffsrealismus möglichst nahe an das Wesen der untersuchten Phänomene heranzukommen? Warum müssen wir z. B. das wahre Wesen der Angst beachten und warum können wir uns nicht rein auf Angstrelationen beschränken? Wir können vor allem deshalb keinen nominalistischen Relationismus betreiben, weil die sozialen Begriffe philosophisch aufgeladen werden müssen.

Positivismus und Nominalismus sind schlicht naiv, wenn sie das nicht beachten. Deshalb ist z. B. die »Eigenschaftstheorie der Führung« gescheitert. Es konnten keine brauchbaren Hypothesen gefunden werden, die für alle Führer gelten. Man hätte also definieren müssen, was man unter Führung verstehen will, um zu brauchbaren Hypothesen zu kommen. Damit nähert man sich aber beträchtlich der Philosophie und den Realdefinitionen. Wird nun stärker differenziert und werden mehrere Arten von Führung zugelassen, dann steigt die Anzahl möglicher Hypothesen gewaltig an und die Bedeutung der jeweiligen Hypothesen sinkt. Das widerspricht den Intentionen der Positivisten. Sie wollen so schnell wie möglich die weißen Flecken von der Landkarte der Sozialwissenschaften verschwinden sehen, wie es ihrer flächenhaften Denkweise entspricht.

In der Betriebswirtschaftslehre wird ein Unternehmen gerne als ein »System« gesehen. Bei Heinen ist ein Unternehmen ein System von Systemen. An der Spitze steht das »politische System«, dann kommt das »administrative System« und schließlich das »operative System«. Dagegen ist für die Agonistik ein Unternehmen primär eine »strategische Einheit«. Wenn ich mit dem Begriff »System« arbeite, bin ich auch an die Nachteile dieses Begriffes gebunden. Dieser Begriff erzeugt eine bestimmte Wirklichkeit. Andere Welten sind ausgeschlossen. Auch wenn ich als Nominalist einen Begriff fast ignoriere, bin ich doch an die Ontologie, an die Logik und an die Ideologie dieses Begriffes gebunden. Der Begriff »soziale Klasse« hat einen anderen ideologischen Hintergrund als der Begriff »soziale Schicht«.

2.3.7 Begriffsgebäude in der Sozialwissenschaft

Den Begriff »Paradigma« möchte ich nicht verwenden. Dieser Begriff ist zu sehr auf die Naturwissenschaften zugeschnitten. Ich möchte lieber von Begriffsansatz, von Begriffsgebäude oder von Begriffsarchitektur sprechen.

Begriffsarbeit ist Definitionsarbeit und Abstimmungsarbeit. Die Begriffe stehen nicht isoliert da. Sie sind möglichst widerspruchsfrei aufeinander bezogen. Sie bilden einen Begriffsansatz. Vor allem die Eigenheiten der Begriffe und Definitionen zeigen die Eigenheiten des betreffenden Ansatzes. Durch die Auswahl der Begriffe wird auch über wissenschaftstheoretisch bedeutsame Methoden mitentschieden: (abstrakt) verstehend, positivistisch, modellplatonistisch, systemtheoretisch, strukturalistisch etc.

Der Begriff »Architektur« weist auf die Tätigkeit des Bauens hin oder auf das Ergebnis, den besonderen Charakter des gebauten oder gestalteten Objektes.

Untersucht ein Wissenschaftler den Einfluss der »Angst« auf die »Wahrnehmung«, ist er Spezialist für eines der beiden Themen oder er untersucht ein übergeordnetes Thema. Es ist nicht denkbar, dass er am Beginn der Arbeit nur an der Relation »Wahrnehmung – Angst« interessiert war. In der Naturwissenschaft sind die reinen Relationen wichtig. So beschäftigte man sich schon in der Antike mit der Frage, ob sich die Erde um die Sonne dreht oder umgekehrt. Die Frage nach der Beschaffenheit von Erde und Sonne war dabei sekundär. Darwin erkannte, dass sich die Lebewesen an die Umwelt anpassen müssen. Er interessierte sich für die Anpassungsmechanismen.

In der Sozialwissenschaft werden die Relationen von den Begriffen aufgesaugt. Entwickle ich z. B. eine eigene Architektur über »Werbewirkung«, baue ich ein Modell für diesen Teil der realen Welt. Ich will zeigen, wie Werbewirkung erzielt wird. Ich will Werbewirkung (eine bestimmte Art von Werbewirkung) erklären. Die Unterbegriffe sind die tragenden Teile des Begriffsgebäudes.

In der Sozialwissenschaft kann von Paradigmenwechsel keine Rede sein. Die diversen Ansätze stehen nebeneinander. Es gibt enorm viele Begriffe, für die sich Ansätze entwickeln lassen. Viele weniger wichtige Gebäude werden kaum Emotionen entfachen und keine Schule wird sich ihretwegen bilden. Das sind dann Mikroansätze. Ein Ansatz kann einerseits gegenüber einem älteren Ansatz einen Fortschritt bedeuten, andererseits kann die neue Architektur auch gewisse Nachteile mit sich bringen. Ältere Ansätze lassen sich deshalb nicht so leicht verdrängen. Außerdem spielen beim Wissen auch Machtfragen eine große Rolle. In der Sozialwissenschaft geht es deshalb eher um Koexistenz als um Paradigmenwechsel. Ein Begriffsgebäude wird insgesamt und nach seinen einzelnen Untermethoden beurteilt. Der Zoo der verschiedenen Ansätze ist Ausdruck der Komplexität der sozialen Welt, die wir nur relativ durch unsere Ansätze erfassen können.

Die Sozialwissenschaft ist vor allem deshalb so aufgebaut, weil sie philosophienahe ist. Auch die anderen Wissenstypen sind das.

2.3.8 Begriffsgebäude in den Wissenstypen

In der Philosophie gibt es für die einzelnen methodischen Begriffe verschiedene philosophische Ansätze. Die einzelnen Positionen stehen sich dann mehr oder weniger unversöhnlich gegenüber. Philosophische Kämpfe werden aber nicht nur in der Philosophie, sondern auch in den entsprechenden wissenschaftlichen Gebieten bzw. in den verschiedenen Wissenstypen ausgetragen. So spiegeln die Ansätze der Volkswirtschaftslehre die verschiedenen Ansätze zur Philosophie der Produktionsfaktoren wider. Smith, Ricardo und Marx sind also auch Philosophen auf diesem Gebiet.

Der Begriff »Produktionsfaktor« kann rein philosophisch, wissenschaftlich (Volkswirtschaftslehre, Betriebswirtschaftslehre), aber auch ideologisch (Kapitalismus, Marxismus) oder agonistisch gesehen werden.

Ähnlich kann ich auch dem Begriff »Gewalt« in Kunst und Religion nachspüren und mögliche Begriffsansätze aufzeigen. »Gewalt« wird in einem Kunstwerk eventuell verniedlicht, verherrlicht, verdammt, lächerlich gemacht, demaskiert etc. Dabei interessiert uns auch, wie das Kunstwerk das macht: Welche Qualität hat das Kunstwerk? Wird die Gewalt direkt oder indirekt dargestellt? Durch die Interpretation der Betrachter oder Zuhörer soll das Wissen, also auch die philosophische Position des Künstlers zum Thema »Gewalt«, das im Kunstwerk steckt, deutlich gemacht werden. »Gewalt« ist auch ein religiöser Begriff. So gibt es religiöse Vorschriften, die es verbieten auf Gewalt mit Gewalt zu antworten. Nicht jede Religion erlaubt es ihren Glaubenden in einen Krieg zu ziehen. Die diversen Religionen nehmen gleichzeitig auch philosophisch sehr interessante Positionen zum Thema »Gewalt« ein. Die Philosophie wird dadurch bereichert.

Wie sollen wir uns Begriffsgebäude in der Ethik vorstellen? Mögliche Begriffsgebäude in der Ethik zum Begriff »Computer« können sich zunächst entlang der Einsatzmöglichkeiten der Computer etablieren: Beruf, Freizeit, Hobby, Ausbildung etc., oder entlang der Einstellungen der Menschen zu Computern. Solche Begriffsgebäude können auch danach fragen, wer Vorteile und wer Nachteile durch Computer zu erwarten hat und wer Computer liebt und wer nicht. Die ethische Ebene ist sehr wichtig. Was nützt es, wenn die Wissenschaft von etwas begeistert ist und die Gesellschaft akzeptiert es nicht? In jeder Gesellschaft, in die eine bestimmte Religion stark integriert ist, kommt es häufig vor, dass Vorschriften dieser Religion nicht befolgt werden.

2.3.9 Wissensfiguren

Die abstrakten Begriffe und deren Definitionen sind die kleinsten Wissenseinheiten. Unser ganzes abstraktes Wissen setzt sich aus solchen Wissensfiguren zusammen. Zur Definition eines abstrakten Begriffes brauchen wir Unterbegriffe. Dabei handelt es sich um vertikale Begriffsverbindungen. Von horizontalen Begriffsverbindungen sprechen wir, wenn mehrere Begriffe zu einer komplexen Wissenseinheit verschmelzen. Wissensfiguren entfalten eigene Wissenswirkung. »Ich denke, also bin ich« ist eine Wissensfigur. »Ich bin« ist ebenfalls eine Wissensfigur und auch der Begriff »Ich«. Dagegen entfaltet »bin« allein keine Wissenswirkung. »Sein« ist wiederum eine Wissensfigur.

Eine Wissensfigur kann der gesamte Inhalt eines Buches sein oder die Kurzfassung eines Textes oder die penibel rekonstruierte Urfassung eines Textes. Eine Wissensfigur kann alle Aussagen eines Wissenschaftlers zu einem Thema umfassen. Eine Wissensfigur (z. B. der Begriff »Sein«) kann so gestaltet sein, dass er die Arbeit vieler Philosophen zu diesem Thema umfasst.

Wissensfiguren gibt es für alle Wissenstypen. Schlage ich ein Buch über die Geschichte der Philosophie an einer beliebigen Stelle auf, so lese ich z. B. von der »Provokation der Vernunft durch den Glauben«. Jede Religion widerspricht mehr oder weniger dem vernünftigen Denken. Das ist ein Beispiel für eine philosophische Figur.

Der Begriff »Offensive« ist eine agonistische Figur. Eine agonistische Unterfigur dieser Methode sagt uns, dass der Angreifer den Angriffszeitpunkt bestimmt. Viele Begriffe aus den anderen Wissenstypen sind gleichzeitig auch agonistische Begriffe. So ist z. B. der Begriff »Synergie« auch für den Agonistiker sehr interessant. Ein Stratege kann auf viele agonistische Figuren zurückgreifen, die nicht von ihm stammen. Er kann auch bereits vorhandene Figuren neu kombinieren. Ein Stratege muss die agonistischen Figuren erst entdecken bzw. deren Bedeutung erkennen. Eine agonistische Figur aus einer unbedeutenden Taktik kann so den Weg in eine Strategie finden.

Enthält eine Wissensfigur nur ein einziges inhaltliches Element, so ist sie streng genommen keine Wissensfigur mehr. Die ganze Wissensfigur wird zu einer konkreten Wissenseinheit. Überhaupt nicht streng genommen kommt es darauf an, ob die Wissensfigur durch konkrete Wissenselemente ihren methodischen Charakter behalten kann oder ob bei der Verschmelzung von methodischem mit inhaltlichem Wissen die Methode vom Inhalt aufgesaugt wird, wie das bei einer konkreten Strategie passiert. Eine konkrete Strategie ist ein Werk im weiteren Sinne.

2.3.10 Werk im weiteren Sinne

Ein Werk ist primär Wissen und Idee. Gleichzeitig hat das Werk auch sichtbare Züge. Durch den sichtbaren Teil des Werkes wird das Wissen mehr oder weniger verschlüsselt dargestellt. Wir können noch so gute strategische Ideen haben oder noch so kreative Künstler sein, wenn wir kein Werk schaffen, liegt dieses Wissen brach. Werke sind einem der sieben Wissenstypen zuzurechnen. Falls ich im Kopf schon eine fertige Strategie habe oder schon weiß, wie ein Kunstwerk aussehen soll, so ist das bereits ein Werk, wenn ich den Willen habe das Werk auch entstehen zu lassen. Dieses rudimentäre Werk ist allerdings noch nicht sichtbar.

Methodische und inhaltliche Elemente verschmelzen und wir betreten das Reich des Historischen und Konkreten. Dabei wird die Methode vom Inhalt aufgesaugt. Die Strategie als Werk im weiteren Sinne durchläuft mehrere Phasen und es kommt immer mehr methodisches und inhaltliches Wissen dazu: Die Strategie existiert zunächst nur im Kopf. Dann entsteht ein Plan, der mit anderen abgesprochen ist. Schließlich wird die Strategie implementiert. Die Strategie muss an die Erfahrungen angepasst werden. Die strategische Einheit wächst.

Zu den Werken im weiteren Sinne gehören Kunstwerke, Bücher, Strategien, Gründungen (Religion, Partei, Organisation, Unternehmen etc.), Schöpfungen (neues Produkt, Ideologie, Denkweise, Begriffsgebäude, Lehre, Erfindung, Stil, Trend etc.) und Ähnliches.

Ein Werk ist ein Beispiel für »Qualität im weiteren Sinne«.

2.3.11 Qualitäten

Bei der »Qualität im weitesten Sinne« geht es nur um die ontologische Besonderheit (Andersartigkeit) von Methoden. Es geht dabei noch nicht um eine Rangordnung. Materie ist von anderer Qualität als Geist. Materie ist genauso wichtig wie Geist.

Bei der »Qualität im weiteren Sinne« ist die Rangordnung wichtig. Der Geist steht auf einer höheren Stufe als die Materie.

Durch das Schaffen eines Werkes befindet sich der Stratege auf einer neuen, höheren Stufe, sowohl vom Wissen als auch von der

Wirkung her gesehen. Das methodische und inhaltliche Wissen ist in der Vorbereitungsphase nur angehäuft und noch unstrukturiert bzw. noch gar nicht vorhanden. Durch die Strategiebildung ändert sich viel. Strukturierung, Konkretisierung, Verinhaltlichung, Historisierung, Verwirklichung, Sichtbarmachung, Erschaffung, Organisierung, Bewertung und andere Aufgaben müssen bewältigt werden.

Hier einige Beispiele für qualitative Sprünge der Qualität im weiteren Sinne auf eine qualitativ höhere Stufe: von der Arbeit zur Leistung, von der Evolution zur Geschichte, vom Plan zur Ausführung, vom Zwang zur Freiheit, von der Oberflächlichkeit zur Tiefe, von der bloßen Summe zur Synergie, von Methode bzw. Inhalt zum Werk.

Bei der Qualität im weiteren Sinne beschränkt sich die Qualitätsbeurteilung auf den Niveauunterschied zwischen der Methode der höheren Stufe und der Methode der niederen Stufe. Nach gewissen Kriterien (Qualitätskriterien) ist eine Methode höher als eine andere einzustufen.

Bei der »Qualität im engeren Sinne« fragen wir danach, was die hohe Qualität einer Sache (eines Menschen, eines Dinges, einer Methode, eines bestimmten Werkes) ausmacht. Die Qualität wird von den Beurteilern festgestellt. Die Beurteiler richten sich nach dem Erfolg und nach anderen Beurteilungskriterien (z. B. nach der »Tiefe« eines Kunstwerkes). Sie können auch ein »Bündel« von solchen Kriterien zur Grundlage für ihre Beurteilung machen. Qualität im engeren Sinne ist sehr geheimnisvoll. Wir wissen noch viel zu wenig darüber, z. B. was die Schönheit einer abgebildeten Sache (in einem Bild) ausmacht, wie die Qualität durch das Zusammenwirken der einzelnen Qualitätsfaktoren wesentlich gesteigert werden kann, welche unbewussten Beurteilungsprozesse im Beurteiler ablaufen oder wie eine gesellschaftliche Qualitätsbeurteilung zu Stande kommt.

2.3.12 Relativismus und Monismus

Relativismus und Monismus trennt eine breite Kluft. Der Relativismus kann den Monismus nicht widerlegen und umgekehrt.

Als konsequenter Relativist muss man zugeben, dass auch der Begriff »Relativität« nur relativ ist. Immerhin ist laut Relativismus auch der Monismus relativ. Der Monist wird das allerdings heftig bestreiten.

2.3.13 Die methodische Brille

Das Erkennen des Methodencharakters des abstrakten Wissens verlangt auch das richtige Verhalten des Wissensarbeiters gemäß dieser

Einsicht. Ständige methodische Wachsamkeit ist angebracht. Man soll die methodische Brille nie abnehmen und alles durch diese Brille sehen. Man soll nie vergessen, dass man sich auf unsicherem Boden befindet. Man soll versuchen zu erkennen, welche Methode hinter einer Sache steckt. Man soll versuchen Methoden zu verbessern und neue, bessere Methoden zu finden. Man soll schauen, was eine Methode leistet und was nicht. Man soll zu seinen Methoden stehen. Man soll seine eigenen methodischen Schwächen und Stärken kennen.

3. Die Säulen der Strategieerstellung

3.1 Strategiemethode im engeren Sinne

3.1.1 Allgemeine Agonistik und Agonistik der Unternehmen

Durch Kapitel 2 (»Allgemeine Agonistik«) wird die Methode der Agonistik nicht vollständig erfasst. Viele wichtige Begriffe fehlen noch. Diese Begriffe werden bei der Darstellung der (Methode der) »allgemeinen Agonistik der Unternehmen« (Kapitel 3 und 4) aus der Sicht dieses Bereiches näher erläutert.

3.1.2 Strategiemethode im engeren Sinne

Man muss wissen, welche Art von strategischer Methode gemeint ist, wenn man von Strategiemethode spricht. Mit Strategiemethoden im engeren Sinne sind jene Methoden gemeint, die mit den Inhalten verschmelzen und die dann zusammen mit den Inhalten die konkrete Strategie (das konkrete strategische Wissen) ausmachen. Wenn ich nur von »Methode« spreche, meine ich damit eine Strategiemethode im engeren Sinne.

3.1.3 Sind die Methoden dem Strategen voll bewusst?

Fragen wir den Strategen nach seinen wichtigsten methodischen Begriffen, kann er sicher nicht alle gleich aufzählen. Für bestimmte Methoden, die er verwendet, hat er oft gar keinen Begriff zur Verfügung, obwohl ihm die Verwendung dieser Methoden durchaus bewusst ist. Oft sind ihm aber die Methoden, die er verwendet, nicht bewusst. Diese Methoden bleiben ihm verborgen. Davon gibt es Methoden, die er sofort erkennt, wenn man ihn darauf anspricht. Das sind also keine echt unbewussten Methoden. Das Ich und nicht das Tiefen-Ich ist für diese Methoden zuständig. Das Ich kann jedenfalls nicht alle agonistischen Methoden ständig voll bewusst halten oder gar gründlich erforschen. Bestimmt muss jeder Stratege ziemlich lange nachdenken, bevor er seine oberste abstrakte Methode, seine Untermethoden und die Beziehungen der Methoden zueinander explizit darstellen kann.

Die Strategie ist Sache des Strategen. Von außen lässt sich die Strategie nicht so deutlich erkennen. Man weiß nicht genau, was der Stratege sich bei seinen Methoden im Detail dachte. Später weiß er das selbst nicht mehr so genau. Man muss aber versuchen, das herauszufinden so gut es geht: Kritiker warfen Jack Welch von General Electric damals vor, er repariere etwas, das noch gar nicht kaputt sei. Manchmal macht es aber Sinn ein Unternehmen gründlich umzukrempeln, auch wenn es noch relativ gut dasteht. Welch ging es nämlich nicht um Durchschnitt, sondern um Spitzenleistungen, und daher musste er viel verändern und zwar rasch und tief greifend, revolutionär und nicht langsam. Welch hielt Spitzenleistungen für notwendig um General Electric an der »Spitze« (der Konzerne und der einzelnen Branchen) zu halten bzw. dorthin zu führen. Um die Spitzenstellung erreichen zu können, musste das Unternehmen neu organisiert werden. Bei der Neuorganisation setzte Welch vor allem auf die Methode »Revolution«.

Echtes unbewusstes Wissen gehört ebenfalls zum strategischen Wissen und die oberste Methode kann durchaus unbewusst sein.

Meiner Meinung nach soll jeder Stratege versuchen seine Methoden und Untermethoden möglichst explizit darzustellen.

3.1.4 Die Methode »Einfachheit« bei Jack Welch

Was versteht Welch meiner Meinung nach wirklich unter »Einfachheit« (siehe auch HBR Volume 67, Number 5, aus 1989, Seite 112 ff.)? Die Führer von General Electric sollen »einfach« denken. Zur »Einfachheit« brauchen sie viel Selbstvertrauen. »Einfachheit« ist nämlich eine schwierige Methode. »Einfach« denkende Führer lieben Klarheit, Sichtbarkeit, Offenheit, Realismus, Selbsterkenntnis, Leistung, Verantwortung, Effektivität, Schnelligkeit, schlanke und agile Strukturen, abgegrenzte Verantwortungsbereiche, Entschlossenheit und unternehmerisches Denken und Handeln.

Die Methode »Einfachheit« ist eine Untermethode der Methode »Organisation«. Die Firma soll im Sinne der »Einfachheit« organisiert werden. Schwäche und Mittelmaß gehören aufgedeckt. Das Leistungsprinzip soll in den Mittelpunkt rücken. Jeder soll in der Sonne sitzen. Überflüssige Managementebenen sollen herausgenommen werden. Auch die Rolle der Firmenzentrale soll ganz anders definiert werden. Das Hauptquartier soll die Front durch ihre Experten unterstützen. Für das Hauptquartier gilt genauso das Leistungsprinzip. Die Führer der einzelnen Geschäftsbereiche sind die Träger der Firma. Sie sind für ihren Bereich verantwortlich. Diese Unterführer sind auch in die Führung des Gesamtunternehmens eingebunden.

3.1.5 Strategiemethoden und Betriebswirtschaftslehre

Die Methode »Einfachheit« stammt nicht aus einem Lehrbuch der Betriebswirtschaftslehre. Welch hat diese Methode selbst geschaffen. Methodische Begriffe der Unternehmensstrategie können aus vielen Bereichen kommen, z. B. der Begriff »Aggression«. Die Betriebswirtschaftslehre ist kaum mit einem solchen Begriff konfrontiert. Die Betriebswirte sind jedenfalls nicht die zuständigen Fachleute für einen solchen Begriff.

Der Stratege ist meist kein wissenschaftlicher Fachmann für einen wichtigen methodischen Begriff. Er ist auch nicht unbedingt Spezialist für diesen Begriff. Oft ist er nur an einem untermethodischen Aspekt bzw. an wenigen agonistischen Figuren interessiert. Ein Spitzenbergsteiger zeigt uns andere agonistische Figuren aus dem Bereich »Motivation« als ein Fußballtrainer.

Methodische Begriffe, die zunächst große Ähnlichkeit mit betriebswirtschaftlichen Begriffen haben, z. B. der Begriff »Personalausbildung«, werden vom Strategen eventuell anders definiert als dies in der Betriebswirtschaftslehre geschieht. Der Stratege orientiert sich dabei immer an einer anderen Wissenschaft oder an einem anderen Wissenstyp. Ist der Stratege ein Ingenieur oder ein Künstler, werden seine Methoden wahrscheinlich diese Herkunft verraten. Spielt in einer Strategie die Methode »Synergie« eine große Rolle, kennt der Stratege hoffentlich die entsprechenden philosophischen Unterfiguren, welche die Grundlage für seine agonistischen Figuren bilden. Die Methoden der Betriebswirtschaftslehre bewegen sich entlang der funktionalen Einteilungen, wie sie dort üblich sind (z. B. Marketingbegriffe) bzw. entlang der funktionalen Entscheidungsmöglichkeiten. Es gilt den Manager auf alle möglichen Entscheidungen vorzubereiten. In der Strategie liegt der methodische Schwerpunkt nicht nur auf der Funktion, sondern auch auf anderen Logiken: Gefühl, Eigenschaft, Motiv, Fähigkeit, Wert etc.

Die Methode von Sam Walton für seinen Wal-Mart ist konventionell (also funktional) orientiert. In seiner Methode vereinte er einige Untermethoden, die auch getrennt funktionieren: Supermarkt mit Selbstbedienung, Discountladen und Ladenkette. Die Methoden wurden schon vor Walton entwickelt und auch von der Betriebswirtschaftslehre erfasst. Walton war vor allem am agonistischen Potenzial dieser Methoden interessiert, die seine Firma zu einer mächtigen Firma machen sollten. Beim Supermarkt wird die Logik eines konventionellen Geschäftes einfach umgedreht. Die Kunden sind aktiv und holen sich die Waren selbst. Es wird weniger Personal benötigt. Der Preis der Ware kann sinken. Je mehr Geschäfte ein Kaufmann besitzt, desto billiger kann er tendenziell einkaufen. Sein Gewinn steigt und er kann die Preise weiter senken. Da er von vielen solchen Läden lebt, muss er in einem Laden nicht so viel verdienen wie ein Kaufmann mit nur einem Geschäft. Gute Ideen können öfter angewendet werden, eben in jedem Filialgeschäft der Ladenkette. Es lohnt sich, gezielt voneinander zu lernen. In diesem Bereich besteht also eine natürliche Tendenz zur Größe. Walton konnte aus dieser Dynamik großen Nutzen ziehen.

3.1.6 Eigenschaften und Werte als methodische Basis

Viele Eigenschaften können den Kern einer Methode ausmachen. Vielleicht stützt sich der Stratege auf die Eigenschaft »Mut«. Dann können wir von der Methode »Mut« sprechen. Alle Untermethoden und Organisationsstrukturen werden von dieser Methode bedeutsam geprägt. »Negative« Eigenschaften sind für den Agonistiker genauso interessant, z. B. die Aggressivität. Aggressivität hat oft viel mit Angst zu tun. So hatte Intel unter Andy Grove große Angst vor potenziellen Verfolgern in dieser harten Branche. Die Angst wirkte sehr motivierend und belebend. Man wollte nicht reagieren, sondern offensiv agieren, selber angreifen und entschlossen kämpfen.

Ein aggressiver Gegner jagt seinen Widersachern Angst ein. Ängstliche Menschen machen oft Fehler. Ein aggressiver Gegner nimmt Verletzungen in Kauf. Haben seine Gegner Angst vor Verletzungen? Haben sie Angst vor größerem Risiko? Ein aggressiver Gegner bringt seine Widersacher dazu ebenfalls ein größeres Risiko einzugehen. Dann müssen die Einsätze ständig erhöht werden und jemand steigt trotz guter Karten aus. Ein aggressiver Gegner mobilisiert alle Kräfte. Ein Aggressiver verlangt deshalb volle Aufmerksamkeit und vollen Einsatz. Wer besitzt mehr Ausdauer? Wer kann das länger durchhalten?

Methoden stützen sich oft auf Werte. »Mut« und »Aggressivität« kann man auch von den Werten her sehen. Manchmal kommen komplexe Werte zum Einsatz, z. B. der Wert »Qualität«. Der Methodiker legt dabei fest, auf welche Unterwerte er Wert legt. Hier einige Unterwerte, die prinzipiell die Qualität einer Dienstleistung ausmachen: Freundlichkeit, Höflichkeit, Humor, Genauigkeit, Ehrlichkeit, Schnelligkeit, Rechtzeitigkeit, Sicherheit, Natürlichkeit, gutes Auftreten, Noblesse, Sachkompetenz, Unaufdringlichkeit. Es gibt weiter Unterwerte der Qualität, von denen man nicht genau weiß, wie man sie nennen soll. Komme ich nach zwei Jahren wieder in ein Hotel, in dem ich schon einmal war, und man erinnert sich sogar noch, welchen Wein ich damals gerne getrunken habe, dann bin ich beeindruckt. Der Methodiker muss jedenfalls diese Unterwerte aussuchen, die für ihn besonders wichtig sind. Er hält z. B. eine Mischung aus leichter Arroganz, perfekten Manieren und enormer Sachkompetenz für unwiderstehlich.

3.1.7 Methode und betriebliche Funktion

Zuerst muss eine Strategie entworfen werden, bevor im Zuge der Verwirklichung der Strategie eine Organisation entsteht. Die Strategie ist primär und die Organisation ist sekundär. Die Organisation entwickelt aber dann eine Eigendynamik. Die Organisation will überleben. Das System differenziert verschiedene Funktionen (Aufgabenbereiche) aus. Auch Strategie wird zu einer Funktion. Sie soll strategische Änderungen vornehmen, welche die Organisation optimieren. Der Stratege darf sich jedoch von der Eigendynamik der Organisation nicht beeindrucken lassen. Der Stratege muss seinen Spielraum, wenn nötig, voll nutzen.

Ich glaube, dass sich in der konkreten Praxis der strategischen Organisationseinheiten viel mehr Funktionen herausgebildet haben, als die Betriebswirtschaftslehre wahrhaben will. In der Betriebswirtschaftslehre werden bestimmte Aspekte des betrieblichen Geschehens mit den entsprechenden Ober- und Unterbegriffen herausgearbeitet. Zum Finanzaspekt gehören die Begriffe Kapital, Vermögen, Gewinn, Rentabilität, Cashflow, Zinsen etc. Der Finanzaspekt ist ein wichtiger klassischer Aspekt in der Betriebswirtschaftslehre. In den meisten Unternehmen gibt es die Funktion »Finanzwesen«. Die Finanzaufgaben können aber auch anderen Funktionen zugeschlagen werden, wenn die Strategie das verlangt.

Jede strategische Methode eines Unternehmens bringt nun potenziell neue Funktionen für das Unternehmen hervor. Das heißt aber nicht, dass entsprechende Organisationseinheiten aufgebaut werden müssen. Auch andere Organisationseinheiten können Träger dieser Funktion sein. Ich habe bereits die Methode »Aggressivität« kurz vorgestellt. Dementsprechend kann es in einem Unternehmen eine bestimmte funktionale Ausprägung der Methode »Aggression« geben. Natürlich wird man diese Funktion nicht so nennen.

Auf dem Cover von Fortune (Fortune 16/1995) ist der Banker Hugh McColl in Jagdkleidung und mit einem Jagdgewehr abgebildet. Die Überschrift lautet: »Open Season on Banks«. Im Begleittext zum Bild wird erklärt, dass McColl die Jagd eröffnet habe. Er möchte seine NationsBank zur Nummer eins in den USA machen. Die Überschrift der Titelgeschichte im Blattinneren lautet: »Here comes

Hugh«. Im Begleittext zur Überschrift wird er als hart und »räuberisch« vorgestellt. Dann wird gleich erzählt, dass McColl bei den Marines war und dass er ein guter Pokerspieler sei. McColl wird als aggressiver Übernahmespezialist vorgestellt: In den letzten 12 Jahren habe er 49 Banken übernommen. Nach der Übernahme ging es den Opfern schlecht. Das lokale Management und viele Angestellte wurden sofort entlassen. Neues Management kam herein und die übernommene Bank musste die aggressive Kultur von NationsBank übernehmen. McColl wollte den Kunden möglichst viele Produkte zu einem möglichst niedrigen Preis anbieten. NationsBank war keine Spezialbank, sondern eine gewöhnliche Universalbank. Es galt also rasch zu wachsen, größer zu werden und die geschluckten Banken möglichst gut zu integrieren. Günstige Kostenstruktur, schlanke Organisation, motivierte und gut ausgebildete Mitarbeiter und umfassende Computersysteme waren die methodischen Schwerpunkte der Strategie als Untermethoden der Methode »Aggression«. Die »Aggressionsfunktion« wurde von jenen Organisationseinheiten getragen, die für die Expansion der Bank und für die Übernahme fremder Banken primär zuständig waren. Alle anderen Funktionen mussten sich stark nach der »Aggressionsfunktion« ausrichten bzw. waren über weite Strecken ein Teil dieser Funktion. Die mit der »Aggression« befassten Abteilungen und Personen hatten offenbar nichts gegen ein aggressives Image. Viele Kunden und Investoren lieben aggressive Firmen.

Aggression mag für manche Strategen enorm wichtig sein. Andere wollen lieber für permanente Dynamik sorgen: Die Firma soll schauen, dass sie jung bleibt und dass der anfängliche Schwung und die anfängliche Begeisterung erhalten bleiben. Der Erfolg von Microsoft hat viel damit zu tun, dass hier sehr junge und fanatische Leute am Werk waren.

In den USA (aber natürlich nicht nur dort) sind viele Unternehmen in Garagen oder ähnlichen Gebäuden entstanden, z. B. Apple Computer und Walt Disney. Man kann also ruhig von der Methode »Garage« sprechen. Aus der Methode wird eine Funktion: Zur Zeit der Gründung agiert der Unternehmer allein bzw. mit wenigen Mitarbeitern oder Mitgründern und muss viele Funktionen aus der Garage heraus ausüben, meist recht locker, hemdsärmelig und rudimentär. All diese Funktionen sind Unterfunktionen der Hauptfunktion »Garage«. In der Garage wird die Ware erzeugt, gelagert und verpackt. Diese Leute müssen vielen Funktionen gerecht werden. Sie dürfen keine schweren Fehler machen. Eine Fehlinvestition kann schon das Ende bedeuten. Eventuell ist anfänglich nur eine

Person tätig. Später einmal denkt der Pionier wahrscheinlich noch oft wehmütig an diese Zeiten. Für die Unternehmen ist es wichtig, dass sie den Schwung und die Kultur aus der Zeit der Gründung mitnehmen können. Es ist nicht gleichgültig, wie ein Unternehmen gegründet wurde.

Welche Aufgaben müssen in einem Unternehmen erfüllt werden? Da gibt es zunächst die klassischen Aufgaben (Funktionen) in verschiedenen Variationen. In einem Unternehmen ist die Marketingfunktion sehr ausgeprägt, aber die Unterfunktion »Werbung« ist kaum vorhanden, weil die Firma sich nicht selbst damit befasst. In einer anderen Firma ist die Werbefunktion die wichtigste Funktion. Es ist unmöglich alle denkbaren Funktionen aufzuzählen. Es setzen sich immer wieder neue Funktionen in der Praxis durch und dann werden sie irgendwann in den Olymp der klassischen Funktionen der Betriebswirtschaftslehre aufgenommen. Ist nicht bei vielen Firmen die »Internetfunktion« wichtig geworden? Wird bei der Ausübung der »Sicherheitsfunktion« nur ein einziger grober Fehler gemacht, kann dies das Ende der Firma bedeuten.

Die Organisationseinheiten der strategisch wichtigen klassischen oder nicht-klassischen Funktionen, also der Leitfunktionen, sollen am meisten Macht im Unternehmen haben. Die anderen Funktionen sollen sich nach dieser Leitfunktion ausrichten und diese unterstützen.

Innerhalb einer Volkswirtschaft kommt es immer wieder zu Veränderungen in der Branchenhackordnung. So haben die einzelnen Informationstechnologiebranchen in den letzten Jahren enorm an Bedeutung gewonnen. Es wurde viel Informationstechnologie an Unternehmen und Privatkunden verkauft. Der vermehrte Einsatz von Informationstechnologie in den Unternehmen bedeutet auch eine durchschnittliche Erhöhung der Bedeutung der Informationsfunktion in den Unternehmen. Wenn viele Leute im Internet einkaufen, muss auch die Logistikfunktion bei den Verkäufern entsprechend ausgebaut sein oder sie lagern diese Aufgaben aus.

3.1.8 Agonistische Figuren und Strukturalismus

Agonistische Figuren sind Strukturen, die in anderen agonistischen Bereichen (Politik etc.) bzw. in anderen konkreten Strategien und Taktiken zur Anwendung kommen können. Die Unternehmensstrategie verwendet nicht nur Methoden aus anderen Bereichen, sie kann auch Methoden für andere Bereiche zur Verfügung stellen. Meiner Meinung nach könnte z. B. die Methode »Kunde« in der Pädagogik verwendet werden. Den Kunden (Schülern) soll eine Auswahl von Unterrichtsmethoden und Sachgebieten zur Verfügung stehen. Die Kunden wären gezwungen darüber nachzudenken, was sie eigentlich interessiert bzw. was sie nach der Ausbildung gerne machen möchten. Bestimmte Interessensbereiche würden sich herauskristallisieren. Wenn sich jemand für ein Gebiet interessiert, dann fliegen ihm auch alle Informationen über dieses Gebiet zu. Sein Vorsprung in diesem Bereich nimmt zu und auch sein Interesse für dieses Gebiet steigt weiter an.

Zwei ganz verschiedene Strategien können gewisse Strukturen gemeinsam haben. So hat Ray Kroc Strukturen aus seiner ersten Tätigkeit bei McDonald´s wieder zum Einsatz gebracht. Durch den Verkauf von Multimixern an Restaurants in ganz Amerika hatte er viele Erfahrungen gesammelt. Er hatte die Restaurantbranche und die Restaurantkunden aus allen Gegenden in Amerika und deren Bedürfnisse kennen gelernt.

Den Agonistiker interessieren nicht nur die agonistischen Figuren der wissenschaftlichen Begriffe, sondern auch die Figuren aus den anderen Wissenstypen. Wenn wir z. B. eine Methode (eine Untermethode) der »Organisation« aus einem der Wissenstypen zur Verfügung haben und in der Agonistik anwenden, machen wir daraus eine agonistische Methode mit entsprechendem agonistischem Potenzial. Aus einer philosophischen Struktur wird z. B. eine agonistische Struktur. Die Struktur ist in eine andere Umgebung geraten.

3.1.9 Disziplin und Reduktionismus

Wenn ein Stratege nach seinen wichtigsten Methoden sucht, muss er herausfinden, welche Disziplin bzw. welche Unterdisziplin in seinem strategischen Bereich seiner Meinung nach wirklich zählt. Mancher Stratege kommt zur Ansicht, dass es in seiner Branche vor allem auf die »Schulung« der Mitarbeiter ankommt: Haben die Mitarbeiter die bessere »Schulung«, kann sich das Unternehmen leichter durchsetzen. Ein anderer Stratege glaubt vielleicht an die strategische Wirkung von modernster Technologie. Strategie ist für ihn vor allem »Technologie«. Für andere ist Strategie vor allem »Wille«.

Ein Stratege kommt unter Umständen zur Ansicht, dass die Technologie in seiner Branche entscheidend ist. Technologie ist für ihn außerdem primär Einzelleistung von kreativen Menschen. Dann wird er sich fragen, wie er diese kreativen Menschen gewinnen, motivieren und halten kann. Das ist dann seine eigentliche Spezialdisziplin. Auf die Methoden in diesem Bereich kommt es dann besonders an.

3.1.10 Explizite und implizite Strategiemethoden in der Betriebswirtschaftslehre

Es gibt enorm viele Methoden in der Wissenschaft und in den anderen Wissenstypen, die als Strategiemethoden in Frage kommen. Neue Methoden kommen laufend dazu, z. B. eine neue Ansicht über Personalauswahl.

In der Betriebswirtschaftslehre gibt es explizite oder implizite Strategiemethoden. Die expliziten Strategiemethoden wollen ausdrücklich eine Strategiemethode anbieten, z. B. das Kernkompetenzkonzept von Hamel/Prahalad.

Fehlt in einer betriebswirtschaftlichen Methode der Hinweis auf eine explizite Strategiemethode, steckt hinter der verwendeten Strategiemethode (z. B. eine bestimmte Marketingmethode) stillschweigend die Annahme, dass man keine ausgesprochene Strategiemethode benötigt und dass die verwendete strategisch bedeutsame Methode eine ausreichend gute Strategie für das Unternehmen bzw. für den Unternehmensbereich liefert.

3.1.11 Methodische Mehrstufigkeit und methodische Logik

Methoden haben ihre Untermethoden. Die Untermethoden haben wieder weitere Untermethoden. Die Untermethode orientiert sich eventuell an einer ganz anderen methodischen Logik und an einem ganz anderen Wissenstyp als die Methode.

Schon ein einziger methodischer Begriff kann so definiert sein, dass verschiedene methodische Logiken bzw. verschiedene Wissenstypen in einer Definition vorkommen. Natürlich bedeutet der Wechsel von einem Wissenstyp in einen anderen gleichzeitig immer einen Wechsel der methodischen Logik. Falls ein methodisches Element z. B. rational und eine anderes mehr irrational ausgerichtet ist, haben wir auch zwei verschiedene methodische Logiken. Geisteswissenschaftliche Methoden gehören zu einer anderen methodischen Logik als systemtheoretische Methoden.

3.1.12 Inhalt und Methode

Einzeldinge existieren konkret. Sie unterscheiden sich von anderen Einzeldingen. Sie sind einmalige Dinge. Alle Dinge sind einmalige Dinge. Die Dinge sind aber auch anderen Dingen ähnlich. Ein Stein hat sehr viel gemeinsam mit einem anderen Stein. Dieses Gemeinsame ist das abstrakte (methodische, begriffliche) Element der Dinge.

Das Wissen von den Dingen ist inhaltliches Wissen. Inhalte sind immer an eine Methode gekoppelt und auf diese methodische Seite der Inhalte möchte ich an einem Beispiel etwas eingehen. »Arkansas« ist ein wichtiger Inhalt in der konkreten Strategie von Sam Walton. Hier interessiert mich die methodische Seite dieses Inhaltes und das Zusammenspiel dieser Methode mit den »echten« Methoden.

Sam Walton entschloss sich, die ersten Geschäfte seiner Ladenkette in »Arkansas« zu eröffnen. Die Methode »Arkansas« steht für dünn besiedelt, ländlich, agrarisch, kleinstädtisch, bestimmte Werte und kulturelle Elemente etc.

Zunächst galt es für Walton die Stärken von »Arkansas« zu nützen, vor allem für die Firmenkultur, die Geheimwaffe von Wal-Mart. Dann war es notwendig die Nachteile von »Arkansas« auszugleichen und in Stärken umzuwandeln: Die Methode »Arkansas« verlangt hervorragende Methoden in den Funktionen »Marketing«, »Standortauswahl«, »Logistik« usw. um die Nachteile gegenüber den Betrieben in den Ballungszentren wettzumachen. Durch die Nachteile beim Start war Wal-Mart enorm motiviert. Die Firma musste sich sehr anstrengen und trainierte sich eiserne Muskeln an, während viele Konkurrenten immer mehr verweichlichten.

Walton hatte ein Gespür dafür, in welche Richtung sich die amerikanische Gesellschaft bewegte, z. B. konnten sich immer mehr Leute ein Auto leisten. So konnte die Methode »Arkansas« erst richtig Wirkung entfalten. Durch diese Methode kam es nicht frühzeitig zu einer Konfrontation mit einem starken Gegner. Wal-Mart konnte sich in Ruhe entwickeln. Wal-Mart wurde so lange von den Konkurrenten unterschätzt, bis es zu spät war.

3.1.13 Geisteswissenschaft im weiteren Sinne

In der Geisteswissenschaft wird der geistige Charakter gewisser sozialer Phänomene betont: Geschichte, Kultur, Gesellschaft, Wirtschaft, Schönheit, Moral, Staat, Macht, Seele, Sprache, Kunst, Religion, Volk, Klasse, Recht, Unbewusstes, Natur, Liebe etc. Man will diese Phänomene »verstehen« und nicht erklären.

Die Wissenschaft ist nur einer von sieben Wissenstypen. Die Wissenstypen möchte ich Wissenschaften im weiteren Sinne nennen. Deshalb kann ich auch von Geisteswissenschaft im weiteren Sinne sprechen. Die Philosophie ist eigentlich keine Geisteswissenschaft (im engeren Sinne). Sie ist ja keine Wissenschaft. Sie ist aber Geisteswissenschaft im weiteren Sinne bzw. »Geistes-Philosophie«, soweit sie geistigen Phänomenen auf den Grund geht und soweit die untersuchten geistigen Phänomene primär in einem philosophischen Kontext stehen. Die »Geistes-Agonistik« versucht das Geistige aus agonistischer Sicht zu verstehen.

In der Sozialwissenschaft geht es meiner Meinung nach vor allem um Begriffsarbeit. Begriffsarbeit ist auch philosophische Arbeit, aber nicht nur. Die Sozialwissenschaft kann der Philosophie nicht entrinnen. Dadurch wird die Sozialwissenschaft aber nicht zur Geisteswissenschaft im engeren Sinne. Wenn ich ein Unternehmen als System sehe, dann baue ich zwar auf einen philosophischen Begriff, verwende aber nicht die »verstehende Methode«.

Die »verstehende Methode« liefert abstrakte Begriffe (Methoden) der Geisteswissenschaft im weiteren Sinne. Die Geisteswissenschaft möchte von den konkreten Dingen zum abstrakten Kern der Dinge vorstoßen.

Der Stratege kann in seiner Strategie natürlich auch geisteswissenschaftliche Methoden zum Einsatz bringen. Pluralisten wollen keine ernst zu nehmenden Methoden ausschließen.

3.2 Strategie als Werk

3.2.1 Konkretisierung

Durch die Verschmelzung von Inhalt und Methode entsteht eine konkrete Strategie. Eine konkrete Strategie ist ein Werk. Werke sind Qualitäten im weiteren Sinne: Beim strategischen Werk wurde der Schritt von einer Menge von isolierten Methoden und Inhalten vor der Strategiebildung zu einer von einem Strategen geführten agonistischen Einheit vollzogen.

Konkretisierung bedeutet, dass der Stratege ernstlich in einem strategischen Bereich eine Strategie einführen will, die dann von ihm umgesetzt werden soll. Reine Überlegungen methodisch-inhaltlicher Art bedeuten noch keine Konkretisierung, wenn nicht die Absicht besteht diese Überlegungen auch umzusetzen. Ein Stratege kann sich eine konkrete Strategie ausdenken. Das reicht aber nicht. Erst wenn zur Idee der Wille kommt, entsteht ein Werk. Die reine Absicht genügt. Es müssen noch keine Handlungen gesetzt werden. Es gibt bereits einen konkreten Strategen, eine konkrete strategische Absicht und eine konkrete strategische Einheit (ein konkretes Unternehmen).

Ist eine konkrete Strategie entstanden, dann haben wir es sofort mit den Auswirkungen der Konkretisierung zu tun. Ist eine Strategie entstanden, dann wird sie immer weiter konkretisiert, verwirklicht und verinhaltlicht.

3.2.2 Die Entwicklung der Strategie

Strategie ist Wissen. In der konkreten Strategie ist konkretes und abstraktes Wissen verschmolzen. Wir sehen ein Unternehmen entstehen und wir sehen die weitere Entwicklung dieser Firma. Ein Unternehmen ist ein Wissensspeicher, allerdings ein besonderer Speicher. Die Firma entwickelt sich, sie ist eine Organisation mit Eigendynamik und sie nimmt Einfluss auf den weiteren Ausbau der Strategie. Das erschwert die Entschlüsselung des Werkes. Entwickelt sich die Firma nicht wie gewünscht, also anders als die Strategie das vorsieht, muss der Stratege dafür die Verantwortung übernehmen.

Falls jemand ein Buch schreibt, wird Wissen in dem Buch abgespeichert. Man beginnt zu schreiben und man weiß meist noch nicht genau, was auf dem Papier stehen wird, wenn eine Seite fertig ist. Es wird altes Wissen aus dem Gedächtnis geholt, gleichzeitig entsteht in einem kreativen Vorgang neues Wissen. So ähnlich ist es auch in der Strategie. Eine mehr oder weniger gut ausgearbeitete oberste Methode und viele Inhalte sind vorhanden. Diese obersten Methoden und Inhalte werden erst noch näher präzisiert. Neue Methoden und Inhalte kommen dazu. Bei der Entstehung der Strategie ist diese noch nicht fertig. Die Erstellungsphase dauert länger. Methodische und inhaltliche Änderungen und Ergänzungen bedeuten in dieser Phase keine Strategieänderung. Es liegt ja noch keine fertige Strategie vor.

Aus einer fertigen Strategie geht nahtlos eine andere Strategie hervor, wenn gravierende methodische und inhaltliche Änderungen vom Strategen vorgenommen werden oder wenn viele kleine Änderungen den Charakter der Strategie verändern. Verändert sich die Umwelt so gravierend, dass die alten Methoden und Inhalte anders zu bewerten sind, müssen wir auch von einer neuen Strategie sprechen. So hat IBM seine Strategie zu wenig verändert und die alte Strategie in einer neuen Umgebung war gleichsam eine neue Strategie. In diesem Fall war sie schlecht. Kunstwerke sind vielleicht für die Ewigkeit geschaffen, Strategien aber nicht. Ein Kunstwerk ist nach dem Schaffensprozess abgeschlossen, eine Strategie ist nie abgeschlossen.

3.2.3 Die Verwirklichung

Das Werk (die Strategie) ist schon vorhanden, bevor wir etwas sehen können. Es ist schon Wirklichkeit. Es ist etwas entstanden, das vorher noch nicht da war. In einem geheimnisvollen kreativen Vorgang ist etwas Neues geschaffen worden. Haben wir nur eine konkrete Idee ohne Verwirklichungsabsicht, dann ist noch kein Werk entstanden. Das Werk erobert immer mehr Aspekte der Wirklichkeit. Es wird sichtbar. Eine dynamische Organisation entsteht. Das Werk beginnt die gesellschaftliche Wirklichkeit mitzugestalten.

Der Zeitpunkt der Sichtbarkeit ist nicht der Zeitpunkt der beginnenden Organisierung. Vor der Sichtbarkeit entstehen bereits rudimentäre Organisationsstrukturen, obwohl der Stratege in dieser Phase noch allein agiert. Es gibt einen Prozess – die Planung, eine Funktion – die Führung, und eine Organisationseinheit – die Strategieabteilung. Der Stratege trägt in dieser Phase nicht nur die alleinige Verantwortung, er ist auch im Besitz der Macht. Macht braucht der Stratege auch dann, wenn für eine bereits bestehende strategische Einheit eine neue Strategie gefunden und durchgesetzt werden soll.

Mit dem Beginn der Sichtbarkeit wird die Organisation im weitesten Sinne bald viel differenzierter und komplexer. Die eigentliche Organisierung beginnt. Viele Prozesse, Funktionen und Organisationseinheiten bilden sich heraus. Die sich entwickelnde Firma ist gleichsam ein Wissensspeicher, der die Strategie in verschlüsselter Form enthält. Der Stratege weiß am besten, ob die Organisation und die von der Organisation erledigte Arbeit der Strategie entspricht.

Die Strategie wird immer mehr präzisiert. Definiert der Stratege einen (abstrakten oder konkreten) Begriff bzw. legt er eine Methode fest (bewusst oder unbewusst, explizit oder implizit) oder nimmt er eine Vereinigung von Inhalt und Methode vor, dann gehören Begriff, Methode, Inhalt und Vereinigung im festgelegten Umfang zur Strategie. Diese Strategie soll von der Taktik verwirklicht werden. Manche Strategien lassen der Taktik viel Spielraum. Durch die Taktik wird die Strategie (als Werk) immer mehr präzisiert. Ein Werk ist also nicht nur ein großer Wurf. Viele kleine Schöpfungsakte kommen noch dazu.

3.2.4 Verinhaltlichung

Die konkrete Firma, die durch eine Strategie zunächst nur ganz rudimentär im Kopfe des Strategen entsteht, steht im Zentrum des inhaltlichen Wissens. Es geht nämlich nicht um irgendein Unternehmen. Es geht um ein ganz bestimmtes Unternehmen. Die konkrete Strategie gilt nur für ein bestimmtes Unternehmen.

Damit wir von einer ganz bestimmten Firma sprechen können, brauchen wir irgendwelche Inhalte, welche die Firma konkret (historisch-existent) machen, sonst haben wir nur eine abstrakte agonistische Figur. Sobald Ray Kroc die ernste Absicht hatte, eine

Restaurantkette mit bestimmter methodischer Ausprägung in Amerika (Amerika ist ein Inhalt) aufzuziehen, hatte er damit auch schon eine rudimentäre Strategie und ein rudimentäres Unternehmen (als Idee). Ohne konkrete Strategie gibt es kein konkretes Unternehmen und umgekehrt. Beide entstehen gleichzeitig.

Das konkrete Unternehmen wird mit fortschreitender Verwirklichung der Strategie durch unzählige neue Inhalte immer konkreter gemacht. Das Unternehmen wird immer komplexer und viele neue Dinge werden zur inneren Angelegenheit des Unternehmens. Neue Mitarbeiter werden aufgenommen, neue Organisationseinheiten entstehen und neue Produkte werden am Markt angeboten. Mit den Dingen kommen die Inhalte. Die internen Inhalte sind alle auf das konkrete Unternehmen bezogen. Die internen Inhalte sind inneren Dynamiken unterworfen. Diese Inhalte sind kein bisschen statisch. Die Inhalte stehen dem Strategen für den Ausbau bzw. die Änderung der konkreten Strategie zur Verfügung. So werden sie zu Unterinhalten in einer konkreten Strategie.

3.3 Obermethode

3.3.1 Methodischer Kern

Dem Strategen sind nicht alle Methoden voll bewusst. Voll bewusste Methoden sind nicht gleichbedeutend mit Methoden, die vollständig explizit gemacht worden sind. Das wird nämlich nie gelingen. Immer kann man an einer Methode neue Aspekte entdecken. Unter den voll bewussten Methoden gibt es solche, die dem Strategen besonders wichtig sind. Sie gehören zu seinem methodischen Kern. Zu seinem methodischen Kern gehören aber auch besonders wichtige Methoden, die dem Strategen nicht oder nicht voll bewusst sind.

Zum methodischen Kern gehören nur die besonders wichtigen Methoden. In der Strategie sind alle Methoden wichtig, sonst sind sie keine strategischen Methoden. In der Strategie geht es nur um Wichtiges.

Warum wir zwischen wichtigen und besonders wichtigen Methoden trennen sollen, wird erst bei der Erörterung des »strategischen Kernes« verständlich.

3.3.2 Oberste Abstraktion und Unterbegriffe

Die »Obermethode im engsten Sinne« ist eine sehr abstrakte agonistische Figur bzw. ein einzelner methodischer Begriff. In der Strategie von Jack Welch heißt dieser Begriff »Konglomerat«. Welch will beweisen, dass Konglomerate unter bestimmten Bedingungen sehr wohl erfolgreich sind. Wenn wir aber nur den obersten Begriff haben, wissen wir noch nichts von den Untermethoden, mit denen Welch arbeiten will. In jeder Strategie gibt es nur einen einzigen Oberbegriff.

Die »Obermethode im engeren Sinne« gibt den besonders wichtigen Methoden des Strategen eine gemeinsame abstrakte Struktur. Diese werden so als Untermethoden zu einem Teil der Obermethode. Erst wenn wir die Obermethode durch die Hereinnahme von Untermethoden näher betrachten, bemerken wir den besonderen Charakter der Obermethode. Wenn wir mit dem Flugzeug fliegen, sehen wir von oben nur Orte, aber wir sehen nicht die einzelnen Häuser. Den besonderen Charakter eines Ortes kann man erst erkennen, wenn man die einzelnen Bauwerke sieht. Die Obermethode im engeren Sinne umfasst den Oberbegriff und alle besonders wichtigen Unterbegriffe, die der Stratege direkt oder indirekt, bewusst oder unbewusst besetzt hat.

Zur »Obermethode im weiteren Sinne« gehören der oberste abstrakte Begriff und alle wichtigen und besonders wichtigen strategischen Methoden.

3.3.3 Obermethode Jack Welch

An welche methodische Oberfigur dachte Jack Welch, als er General Electric (GE) übernahm? Er wollte GE als Konglomerat erhalten und zwar als ein »modernes, global agierendes Konglomerat«. Er hatte schon viele Vorstellungen, wie das Konglomerat auszusehen hätte und wie die angestrebte Struktur zu erreichen wäre. Welch hatte also schon viele Untermethoden parat. Neue Untermethoden kamen im Laufe der Zeit dazu. Das bedeutete aber keine gravierende Änderung der Strategie, nur eine Ergänzung.

Andere Strategen an seiner Stelle hätten wahrscheinlich nicht die Notwendigkeit von solch drastischen Schritten und von solch unpopulären Maßnahmen gesehen.

Auf der taktischen Ebene gab es bald enorm viel zu tun. So wurden Teile des Unternehmens verkauft. Werke wurden geschlossen. Es wurde in neue Projekte investiert. Zusätzlich wurde die Organisation nach dem Prinzip »Einfachheit« aufgebaut.

3.3.4 Obermethode Ray Kroc

Kroc übernahm das Originalkonzept der Brüder McDonald. Kroc trat also nicht als Nachahmer auf und versuchte nicht wie viele andere ein ähnliches Konzept zu entwickeln. Das Konzept der Brüder hatte sich bereits bestens bewährt und er wollte es nicht verändern. Die Brüder waren Restaurantspezialisten und Kroc vertraute ihren Fähigkeiten. Kroc war ein Verkäufer, der ein fertiges Produkt verkaufen wollte. Er wollte nicht persönlich das Restaurant neu erfinden. Kroc und die Brüder McDonald ergänzten sich optimal. Die Brüder stellten ein tolles Konzept zur Verfügung und Kroc entwickelte sich zu einem Franchisingspezialisten (siehe John F. Love, Die McDonald´s Story, Seite 70 ff.). Die Obermethode von Kroc sah die Übertragung eines erfolgreichen Restaurantkonzeptes mittels Franchising auf das ganze Land vor.

Kroc wusste, dass das Franchising, wie es sonst allgemein betrieben wurde, den langfristigen Erfolg der Firma nicht sichern konnte. Ein Franchisingsystem musste fair aufgebaut sein. Franchising musste für den Franchisenehmer sehr lukrativ sein. Nur so lässt sich das gewünschte qualitative Niveau erreichen. Qualität bei niedrigen Preisen war das wichtigste Instrument in dieser Branche, in der sich anfänglich viele Konkurrenten tummelten. Die Qualität zeigt sich bei den Speisen, beim Service, beim Eingehen auf die Zielgruppen, beim Achten auf Sauberkeit etc.

3.3.5 Obermethode Sam Walton

Schon vor der Gründung seines ersten Wal-Mart in Rogers war Sam Walton ein erfolgreicher Kaufmann mit seinen Ben-Franklin-Läden. Er war keineswegs ein Pionier der verschiedenen Einzelhandelsmethoden, die er erfolgreich einsetzte. Aber er stand Innovationen aufgeschlossen gegenüber und er war bereit zu experimentieren und viel zu riskieren. Dennoch traute er sich zwei Jahre lang nicht einen zweiten Wal-Mart zu eröffnen, um die Führung von Ben-Franklin nicht zu verärgern (siehe Bob Ortega, Wal-Mart, S. 87 ff.). Walton eröffnete nach seinem ersten Wal-Mart weiterhin auch andere Läden.

Die Obermethode von Sam Walton bestand in der Suche nach einem erfolgreichen Ladenkonzept, das den ambitionierten Expansionsplänen von Walton im Einzelhandel genügte und das seinem enormen Ehrgeiz gerecht wurde. Das Wal-Mart-Konzept hat sich schließlich durchgesetzt. Das siegreiche Konzept sollte nicht als statische Sache gesehen werden. Experiment, Risiko, Innovation und Veränderungswille waren nämlich Eckpfeiler der Obermethode. So hat Walton anfänglich sein Personal vernachlässigt. Das hat sich später grundlegend geändert.

Die Obermethode verlangte das permanente Verbessern des Konzeptes durch neue (wichtige und sehr wichtige) Strategiemethoden. Neue wichtige und sehr wichtige Strategiemethoden veränderten auch die Obermethode im weiteren Sinne, weil neue strategische Begriffe in die Obermethode eingeführt wurden. Die erste Obermethode verlangte also die permanente Veränderung aller kommenden Generationen von Obermethoden. Diese Veränderungsmethode wurde von einer Obermethode an die nächstfolgende weitervererbt. Die ersten Wal-Mart-Läden wirkten noch sehr unprofessionell. Heute ist Wal-Mart das Maß aller Dinge im Einzelhandel, nicht nur in den USA.

3.4 Oberinhalt

3.4.1 Oberinhalt und konkrete Strategie

Zur Entstehung einer konkreten Strategie müssen Obermethode und Oberinhalt verschmelzen. Obermethode und Oberinhalt sind Wissen. Die konkrete Strategie ist auch Wissen. Die Verschmelzung ist ein komplexer Wissensvorgang.

Das Wissen vom konkreten Unternehmen ist gleichzeitig der oberste Inhalt der Strategie. Der oberste Inhalt ist so stark, dass bei der Verschmelzung von oberster Methode und oberstem Inhalt die Methode vom Inhalt aufgesaugt wird. Alle Untermethoden werden dadurch verinhaltlicht. Aus der obersten Methode wird dabei eine »konkrete Methode«, also ein Inhalt. Konkrete Strategie wird primär zu einem inhaltlichen Phänomen. Das bedeutet aber nicht, dass die Methode prinzipiell weniger wichtig als der Inhalt ist.

Der Oberinhalt ist das Wissen über das konkrete Unternehmen. Ein konkretes Unternehmen wird vom Strategen nicht mehr als austauschbares, abstraktes Unternehmen wahrgenommen, sondern als individuelles, existierendes Unternehmen. Das geschieht durch inhaltliche Begriffe. Das Unternehmen existiert in der konkreten historischen Welt.

Damit das Unternehmen im Falle eines neu zu gründenden Unternehmens rudimentär existiert, muss schon eine konkrete Strategie existieren. In der konkreten Strategie sind Oberinhalt und Obermethode miteinander verschmolzen. Umgekehrt verlangt der Oberinhalt nach einem konkreten Unternehmen. Nur durch die konkrete Strategie (strategische Absicht des Strategen) entsteht in der Folge ein konkretes Unternehmen. Dann erst gibt es das Wissen von diesen Unternehmen als Oberinhalt, und Oberinhalt und Obermethode können zu einer konkreten Strategie verschmelzen.

Nur wenn Oberinhalt, Obermethode, konkrete Strategie und rudimentäres Unternehmen gleichzeitig wirksam werden, kommen wir aus dieser Falle heraus. Beim Unternehmen handelt es sich nicht um ein Unternehmen im juristischen Sinne. Vielmehr ist der Beginn der Organisierung damit gemeint bzw. das Entstehen einer strategischen Einheit.

3.4.2 Die Methode wird vom Inhalt aufgesaugt

Durch die Verschmelzung von Inhalt und Methode wird die Methode vom Inhalt aufgesaugt. Die gesamte Methode wird verinhaltlicht. Die Dinge kommen ins Spiel. Die gesamte Methode wird verdinglicht. Die Strategie wird zu einem inhaltlichen Phänomen. Über den Erfolg einer Strategie entscheiden ab diesem Zeitpunkt die Inhalte. Natürlich sind dem Erfolg einer Strategie durch die Methode Grenzen gesetzt. Ein Pferd kann nur in der Mythologie oder im Märchen fliegen.

Wird in einer Kleinstadt in Arkansas ein erster Wal-Mart eröffnet, dann geht es darum, ob die Leute in der Stadt und in der Umgebung den günstigen Preisen widerstehen können. Durch den Einkauf in einem solchen Geschäft werden auch die lokalen Geschäfte und gute Arbeitsplätze gefährdet. Wal-Mart braucht viele Kunden und hohe Umsätze wegen der geringen Spannen. Sam Walton lebte in der Gegend, war mit vielen Menschen bekannt und kannte die Mentalität der Leute ganz genau. Walton wusste, dass es den Leuten immer besser ging. Immer mehr Leute konnten sich ein Auto leisten und in einem nahe gelegenen Wal-Mart einkaufen.

3.4.3 Inhaltliche Überlegungen des Strategen

In die Strategie gehen nur wichtige Inhalte ein. Der Stratege muss bei der Strategiebildung auch inhaltliche Überlegungen anstellen. Die Inhalte sind Unterinhalte, denn der Oberinhalt (das Wissen von der konkreten Firma) sorgt für die Positionierung der Inhalte. Der Stratege entscheidet, welche Inhalte in die Strategie aufgenommen werden. Der Stratege versucht dabei die Inhalte aus der inneren Dynamik heraus zu verstehen.

Er versucht die Strategie an die äußere Dynamik anzupassen. Bei der Verinhaltlichung geht es letztlich um die Beziehung von konkretem Unternehmen mit konkreter Gesellschaft bzw. konkreter Geschichte. Welches Spiel kann das Unternehmen auf dieser rein inhaltlichen Bühne spielen und wie legt es sein Spiel an? Das Unternehmen mag seine Strategien verfolgen, aber aus der Sicht der Mitglieder der Gesellschaft gehört es zum konkreten ethischen Umfeld der Mitglieder. Der Stratege muss versuchen die Strategie an die äußere Dynamik anzupassen. Die äußere Dynamik entscheidet letztlich über Erfolg oder Misserfolg der Strategie. Mächtigen Firmen gelingt es sogar, das Umfeld mehr oder weniger an ihr Unternehmen anzupassen. So ist unsere Vorstellung vom Personal Computer stark von Microsoft geprägt. Die Entwicklung hätte auch ganz anders verlaufen können.

Strategische Inhalte sind Inhalte aus der Sicht des Strategen. So kann es sein, dass der Stratege etwas sieht oder ahnt, was andere noch nicht so sehen. Ist es ein Zufall, dass Jack Welch und Ronald Reagan fast zur selben Zeit ihre Tätigkeit aufnahmen? Beide sind konservative Revolutionäre: Amerika sollte die Ärmel aufkrempeln und Wirtschaft, Politik und Gesellschaft grundlegend verändern, verbessern und stärken, und so endlich die traumatischen 70er Jahre abschütteln. An diesem Beispiel sieht man auch, was Verinhaltlichung bedeuten kann. Die ganze Strategie gerät in den Sog einer inhaltlichen Strömung. Macht und Stärke waren angesagt. General Electric sollte in allen Geschäftsbereichen global gesehen Erster oder Zweiter sein.

Der Stratege selbst ist auch ein wichtiges inhaltliches Phänomen mit seinen Interessen, Fähigkeiten, Erfahrungen, Emotionen und Werten. Der Stratege kennt seine Stärken und Schwächen. Jack Welch wusste, dass sein strategisches Vorhaben einen sehr starken Führer benötigte und er traute sich diese Aufgabe zu. Der Oberinhalt »General-Electric-Neu« verlässt sich vor allem auf den Unterinhalt »Jack Welch«.

3.4.4 Die Struktur des Oberinhaltes

Der »Oberinhalt im weiteren Sinne« enthält die verschiedenen, strategisch wichtigen Unterinhalte, die in die Strategie aufgenommen wurden. Der Oberinhalt im weiteren Sinne zeigt die inhaltliche Entwicklung der Strategie seit der Zeit, als die Realität hereinbrach und die ersten Inhalte in die Strategie Eingang fanden.

Der »Oberinhalt im engeren Sinne« erfasst nur die besonders wichtigen Inhalte, die für den strategischen Kern Bedeutung haben.

3.4.5 Verschmelzung von Oberinhalt und Oberfigur

Mit der Verschmelzung von Oberinhalt und Oberfigur entsteht ein konkretes Unternehmen. Das ganze Unternehmen und die ganze

Strategie werden zu einer inhaltlichen Sache gemacht. Dazu müssen auch die einzelnen Methoden konkretisiert und verinhaltlicht werden.

Schon die Verschmelzung bei der Entstehung der Strategie ist auch ein inhaltlicher Vorgang. Später kommen noch weitere Methoden und Inhalte dazu. Der Stratege muss schon bei der Verschmelzung ins Detail gehen, konkrete Fragen stellen und beantworten. Oberinhalt im weiteren Sinne und Obermethode im weiteren Sinne müssen aufeinander abgestimmt werden. Der Stratege muss nicht nur mit der Spannung zwischen Methoden und Inhalten kreativ umgehen, sondern auch mit der inneren und äußeren Dynamik der Inhalte. Das Unternehmen ist schon bei der Verschmelzung mehr oder weniger Spielball der verschiedenen äußeren Dynamiken.

3.4.6 Erfassung der inhaltlichen Dynamik

Die Inhalte aus der inneren inhaltlichen Dynamik sind potenzielle Unterinhalte. Sie stehen dem Strategen zur eventuellen Verwendung zur Verfügung. Sie können zu wichtigen oder sehr wichtigen Inhalten werden. Alle Inhalte sind in inhaltliche Dynamiken eingebunden.

Bei der inhaltlichen Dynamik geht es um die Entwicklung, welche die inhaltlichen Wissenselemente durchmachen. Das »konkrete Interesse einer bestimmten Organisationseinheit« ist ein Ding. Das Wissen von diesem Ding ist inhaltliches Wissen. Das inhaltliche Wissen ist eine enorm dynamische Sache. Das »konkrete Interesse der Organisationseinheit« wird von den einzelnen Mitgliedern der Einheit definiert, aber auch andere Organisationseinheiten definieren eifrig mit. Dadurch gibt es bei der besagten Einheit Definitionsänderungen. Innerhalb des gesamten Unternehmens kommt es bezüglich dieses Inhaltes zu einem mehr oder weniger vagen Kompromiss. Der Inhalt hat ein vorläufiges Gleichgewicht gefunden. Wird das »konkrete Interesse einer bestimmten Organisationseinheit« definiert, dann wird auch etwas über die konkreten Interessen der anderen Einheiten ausgesagt. Auch das ist mit dem Begriff »Dynamik« gemeint. Der Stratege kann sich an diesen Kompromiss halten oder er kann eine eigene Definition entwickeln. Jedenfalls wird er von der inneren Dynamik beeinflusst.

In einer strategischen Einheit gibt es enorm viele Dinge und Inhalte. Nur ganz wenige Inhalte haben eine breite und tiefe Dynamik hinter sich, und nur ganz wenige Inhalte können die Aufmerksamkeit des Strategen erregen. Nicht alle Inhalte, die ihm besonders auffallen, schaffen auch den Sprung in die konkrete Strategie.

Bei der äußeren Dynamik geht es darum, wie der Stratege einen externen Inhalt definiert und ob er mit seiner Definition richtig liegt. Externe Inhalte unterliegen einer externen Definitionsdynamik. Ist der externe Inhalt wichtig für die Strategie, dann wird er in die Strategie aufgenommen. Dieser Inhalt wird zu einem internen Inhalt gemacht. Der Inhalt unterliegt der inneren Definitionsdynamik. Der Stratege muss zwischen internen und externen Definitionen eine Abstimmung vornehmen.

Der (ehemalige) externe Inhalt hat schließlich, wie alle strategisch wichtigen Inhalte, Einfluss auf die Methoden bzw. die Methodenauswahl und auf die internen Inhalte bzw. deren Auswahl in einer Strategie.

Es gibt verschiedene Arten von inhaltlichen (äußeren und inneren) Dynamiken. Bei der Darstellung der inhaltlichen Dynamiken kann man ähnliche Dynamiken zu einer dynamischen Richtung zusammenfassen. Die Machtdynamik gehört zu einer dynamischen Richtung, bei der es um »gesellschaftliche Zusammenhänge« geht. Weitere Richtungen stellen die »rein historischen Zusammenhänge« und die »persönlichen Zusammenhänge« dar.

Der Stratege interessiert sich insbesondere für einen Inhalt, wenn er Spezialist ist für die Methode, an die ein Inhalt gekoppelt ist. Falls er die Methode »Kreativität« besonders wichtig nimmt, wird er bei entsprechenden Inhalten besonders hellhörig werden. Es kann allerdings auch sein, dass ein Inhalt aus irgendeinem Grund bedeutsam ist und in die Strategie aufgenommen wird, obwohl der Stratege von der dazugehörigen Methode wenig versteht.

3.4.7 Dynamik der rein historischen Zusammenhänge

Jack Welch war der richtige Mann zur richtigen Zeit am richtigen Ort. Das gilt auch für Sam Walton und Ray Kroc. Diese Männer hatten ein Gespür für Trends und Strömungen. Sie waren maßgebliche Anführer in den jeweiligen Revolutionen. Sam Walton war sehr ehrgeizig, aber es war nicht nur der Ehrgeiz, der ihn antrieb. Er wusste besser als andere, dass er eine einmalige Chance besaß zu jener Zeit, eine Handelskette aufzubauen. Nicht nur in den USA, auch in den anderen Ländern gab es damals ähnliche Pioniere.

Die inhaltliche Dynamik rein historischer Zusammenhänge umfasst Inhalte, die durch die Konkretisierung entsprechender rein historischer (methodischer) Begriffe entstehen.

Der Stratege wird sich im Rahmen der Dynamik der rein historischen Zusammenhänge bestimmte wichtige Fragen stellen, beispielsweise: Wie sieht meine »konkrete Ausgangslage« aus? Mit welcher »konkreten sozialen Realität« bin ich konfrontiert? Den Strategen interessiert dann die entsprechende konkrete Dynamik bzw. deren Gleichgewicht.

3.4.8 Dynamik der persönlichen Zusammenhänge

Bei dieser Richtung geht es um Begriffe wie Fühlen, Denken, Wille, Motiv, Einstellung, Fähigkeit, Kreativität, Eigenschaft, Wert, Sinn etc.

Worum geht es z. B. beim Begriff »Sinn«? Die Menschen brauchen das Gefühl, dass ihre konkrete Tätigkeit sinnvoll ist, dass ihre Arbeit für die Gesellschaft wichtig ist. Oft genügt es ihnen schon, dass sie Spaß an der Arbeit haben. Strategen wollen meist nicht nur Geld verdienen. Sie wollen auf ihre Weise die Welt verändern. Sie wollen ihren speziellen Nutzen betonen, wenn sie ihre Produkte und Dienstleistungen anbieten. Sie wollen den Menschen konkret helfen und ihnen Freude bereiten. Sam Walton erachtete es als sinnvoll seine Ladenkette in seiner engeren Heimat zu starten, was nicht selbstverständlich war. Fast jede Branche hält sich wohl für besonders nützlich und/oder wichtig.

Der Begriff »Sinn« hat viele Bedeutungen. Bezeichnen wir eine Handlung als »sinnvoll«, meinen wir damit vielleicht eine vernünftige Handlung, oder das Motiv hinter einer Handlung, oder eine Handlung, die im Einklang mit der Persönlichkeit des Handelnden ist.

Besonders komplex ist die inhaltliche Sub-Richtung, die sich auf den Begriff »Wert« bezieht. Die Begriffe Sozialisierung, Kultur, Ideologie, Beruf, Branche und noch viele andere Begriffe stehen für entsprechende konkrete Dynamiken.

Es ist leicht einzusehen, dass eine günstige inhaltliche Dynamik ablaufen muss, bevor die Firma überhaupt ein Image hat, bevor alle Aspekte der Qualität der Produkte richtig erkannt werden und bevor die Firma gar als Trendsetter akzeptiert wird.

Wir Menschen haben die Fähigkeit, die Qualitäten im engeren Sinne zu genießen. Unser ganzes Leben ist gleichsam eine Abfolge von positiven und negativen Qualitäten.

3.4.9 Dynamik der gesellschaftlichen Zusammenhänge

Eine weitere inhaltliche Richtung existiert rund um die Gesellschaft bzw. rund um die gesellschaftlichen Strukturen und Prozesse. Es geht dabei um konkrete Gruppen, Organisationen, Institutionen, Strukturen, Ideologien, Ideen, Einstellungen, Kulturen, geographische Regionen etc.

Wie bereits erwähnt geht es bei der inhaltlichen Dynamik auch darum, durch die Definitionsarbeit die Dinge in bestimmter Hinsicht voneinander abzugrenzen und ein entsprechendes (konkretes) inneres Gleichgewicht zu finden: Machtgleichgewicht, ideologisches Gleichgewicht etc. Hinter der Gleichgewichtsfindung stecken entsprechende soziale Prozesse. In einer bestimmten konkreten Dynamik ist auch der Einfluss aller anderen konkreten Dynamiken mehr oder weniger stark spürbar.

Wird ein externer Inhalt vom Strategen in die Strategie aufgenommen, muss auf die externen Definitionen Rücksicht genommen werden. Das innere Gleichgewicht verschiebt sich dadurch. Es ändert sich auch etwas im entsprechenden inhaltlichen Bereich zwischen Unternehmen und Umwelt. Werden z. B. neue konkrete kulturelle Elemente in die Strategie aufgenommen, so verändert sich dadurch die bisherige kulturelle Ausrichtung mehr oder weniger stark. Die gesellschaftliche Bedeutung dieser kulturellen Elemente wird erhöht und die anderer verringert.

3.5 Der strategische Kern

3.5.1 Logik des strategischen Kernes

Der besonders wichtige Teil der konkreten Strategie ist der »strategische Kern«. In den strategischen Kern gehen nur die besonders wichtigen Methoden und Inhalte bzw. die besonders wichtigen methodisch-inhaltlichen Wissenselemente ein. Der strategische Kern enthält bewusstes oder unbewusstes Wissen des Strategen.

Der strategische Kern macht fast die ganze konkrete Strategie aus. Quantitativ gesehen ist der strategische Kern ziemlich klein. Sehr viele Methoden, Inhalte und konkrete Elemente gehören nämlich zum »strategischen Rand«. Aus qualitativer Sicht ist wiederum der Kern viel wichtiger als der Rand. Der strategische Kern ist aber fast allein für den strategischen Erfolg verantwortlich.

Das ist entscheidend. Deshalb treffe ich die Unterscheidung zwischen Kern und Rand. Mit relativ wenigen Methoden und Inhalten bzw. mit relativ wenig Arbeitsaufwand versucht der Stratege erfolgreich zu sein. Der Stratege muss natürlich wissen, welche Art von Erfolg er anstrebt. Dann bringt er seine Methoden und Inhalte bzw. seine methodisch-inhaltlichen Wissenselemente zum Einsatz. Vor allem der strategische Kern bestimmt die Richtung der Strategie.

Beim strategischen Denken kann der Stratege eine konkrete Vollstrategie nicht mehr denken, bewerten und gedanklich manipulieren. Er braucht etwas weniger Umfangreiches, etwas Einfacheres und Prägnanteres. Der strategische Kern ist keine Hilfskonstruktion. Er existiert tatsächlich.

Der strategische Kern macht sich das Gesetz des abnehmenden Grenzerfolges zu Nutze. Es lohnt sich nicht intensiv an weiteren Methoden und Inhalten zu arbeiten, wenn diese immer weniger zum strategischen Erfolg beitragen können. Der Stratege soll seine Kräfte besser der Durchführung der Strategie zur Verfügung stellen.

Ähnlich wie ein Kristallisationskern gibt der strategische Kern der Strategie Struktur. Der strategische Kern ist die wesentliche Erbanlage, die den Charakter der gesamten konkreten Strategie ausmacht.

Der Kern muss besonders hart und solide sein. Der Kern muss etwas aushalten. Der Kern darf sich nicht so rasch ändern. Der Kern muss Halt geben. Ist der Kern großartig, dann ist wahrscheinlich die Vollstrategie großartig. Hat der Kern Großes im Sinne, dann wird bei Gelingen der Strategie wahrscheinlich etwas Großes (ein großes Unternehmen) entstehen.

Hat der strategische Kern hohe Qualität, dann hat wahrscheinlich auch die Gesamtstrategie hohe Qualität. Ist der strategische Kern von hoher technischer Qualität bezüglich der Realisierbarkeit und ist der Kern eine runde Sache, dann wird auch die Gesamtstrategie dementsprechend rund laufen.

Der strategische Kern ist immer auch Ausdruck der Persönlichkeit des Strategen. Beim strategischen Kern spielt die Kreativität des Strategen eine große Rolle.

3.5.2 Logik des strategischen Randes

Alle strategischen Methoden und Inhalte sind wichtig. Sonst wären sie nicht in der Strategie enthalten. Der Stratege eines Unternehmens muss sehr viele Aspekte berücksichtigen und ständig kommen neue hinzu. Auf sehr vielen Gebieten soll der Stratege auf der Höhe der Zeit sein. Wenn er nicht selbst das nötige Wissen erworben hat, dann muss er sich beraten lassen. Schon ein einziger schwerer Fehler des Strategen bei den Methoden und Inhalten des strategischen Randes kann dem Unternehmen die Existenz kosten. Ein einziger Mitarbeiter kann einem Unternehmen so schweren Schaden zufügen, dass es sich davon nie mehr erholt.

Keine Strategie ist vollständig. Es wird immer zu strategischen Lücken kommen. Viele Fragen von strategischer Bedeutung werden von der Strategie nicht oder nur unzureichend beantwortet: Gefahren, Chancen, Herausforderungen, methodische und inhaltliche Schwächen etc. Der strategische Rand ist immer unzureichend ausgearbeitet.

Strategische Lücken richten keinen Schaden an, wenn sie von der Taktik geschlossen werden, eventuell durch Zusammenarbeit mehrerer Taktiken.

Ist eine »Vollstrategie« (also mit strategischem Kern und mit strategischem Rand) gut gelungen, dann ist für Durchführungsfehler nicht mehr die Strategie, aber sehr wohl der Stratege verantwortlich. Bei Durchführungsfehlern konnte oder wollte der Stratege nicht dafür sorgen, dass die tatsächliche Durchführung mit der Strategie übereinstimmt. Eine gute Strategie kann auch ohne grobe Durchführungsfehler scheitern, wenn das nötige Glück fehlt. Oft muss der strategische Rand für die gute Durchführung sorgen. Durchführung kann aber auch ein sehr wichtiges Thema sein und wird dann besonders vom Kern erfasst.

3.5.3 Kurzfassung der strategischen Kerne von Welch, Kroc und Walton

Beim strategischen Kern von Jack Welch ging es darum, eine Auslese unter den konkreten Geschäftsbereichen bzw. unter den konkret vorhandenen Führern bzw. unter allen Mitarbeitern von General Electric vorzunehmen. Welch war zuletzt selbst ein tüchtiger Chef in einem der Bereiche von General Electric gewesen. Als Gesamtchef verlangt er von allen Bereichen, Führern und Mitarbeitern ähnliche Tüchtigkeit.

Ray Kroc wollte mit seinem strategischen Kern vor allem das Restaurantkonzept der Brüder McDonald auf nationaler Ebene (in den USA) mittels Franchising durchsetzen. Durch möglichst hohe Qualität wollte er den bevorstehenden Ausleseprozess überstehen bzw. möglichst viele Konkurrenten überholen.

Sam Walton war ein sehr ehrgeiziger und innovationsfreudiger Kaufmann. Er wollte in seiner engeren Heimat einen möglichst hohen Anteil des Einzelhandelsumsatzes für seine Läden, vor allem für seine Discountläden, gewinnen. Er wollte diese Chance nützen. Er war sich ziemlich sicher, dass er auf dem Lande bzw. in den kleinen Städten seiner Region großen Erfolg haben würde.

3.5.4 Konkrete methodisch-inhaltliche Wissenselemente

In der Strategie gibt es zwei Wissensebenen. Methoden und Inhalte sind als Wissen noch vorhanden, auch nach der Verschmelzung und dem Aufgehen in der konkreten Strategie. Direkt strategisch wirksam sind die Methoden und Inhalte allerdings nicht. Nur die konkrete Strategie und deren konkrete methodisch-inhaltlichen Elemente sind direkte Strategie.

Nach der Verschmelzung von Oberinhalt und Obermethode kristallisieren sich unzählige inhaltliche Wissenselemente heraus. Unzählige Dinge kommen mit dem Fortschreiten des Werkes ins Spiel.

Der Stratege kann darauf bei der Festlegung der konkreten Strategie zurückgreifen: Die Obermethode verschmilzt mit dem Oberinhalt. Viele Untermethoden verschmelzen mit Inhalten (z. B. Frau Müller wird Leiterin der Entwicklungsabteilung) zu methodisch-inhaltlichen Wissenselementen als Teile der konkreten Strategie. Die konkrete Strategie besteht aus vielen solchen Elementen. Die Elemente machen die konkrete Strategie aus. Trotz aller konkreten Elemente bleibt die Strategie aber sehr abstrakt bzw. allgemein.

Die Taktiker müssen die Strategie durch konkrete Taktiken bzw. durch »taktische Kerne« ausführen. Auch die taktischen Kerne enthalten methodisch-inhaltliches Wissen.

3.6 Methoden der Strategie

3.6.1 Verschiedene Arten von Methoden

Die Strategiemethode im engeren Sinne ist eine »einfache Methode«. Zur Strategiemethode im weiteren Sinne gehören neben der Strategiemethode im engeren Sinne, noch die »Methode der konkreten Strategie« und die »Methode der Inhalte«. Die Strategiemethode im weiteren Sinne ist auch nur eine »einfache Methode«. Die Metamethode ist allerdings keine »einfache Methode«. Der Begriff »einfache Methode« bezieht sich auf die Beziehung zwischen der »einfachen Methode« und der »Metamethode im engeren Sinne«.

Die »Metamethode im engeren Sinne« darf nicht mit der »Metamethode im weiteren Sinne« verwechselt werden oder mit der »metamethodischen Position eines Strategen«. Der abstrakte Begriff »Methode« aus der Philosophie der Methode spielt bei der Darstellung der Metamethode eine Rolle: die Metamethode im weiteren Sinne ist dabei die »Methode der Agonistik« und die Metamethode im engeren Sinne ist die »Methode der Durchsetzungslogik«. Es handelt sich hier um philosophische Methoden, denn die Metamethode ist Philosophie.

In der Agonistik gibt es drei Ebenen: die philosophische, die methodische (»einfach-methodische« bzw. theoretische) und die konkrete Ebene (konkrete Strategie, Strategie als Werk). Auf diesen drei Ebenen muss sich der Agonistiker bewegen können. Auf der konkreten Ebene hat der Stratege vor allem mit methodisch-inhaltlichem Wissen, mit Wissensarbeit (Planung) und mit praktischer Arbeit (Ausführung) zu tun.

Mit »Methoden der Strategie« aus der Überschrift des Unterkapitels 3.6 sind genau die hier unter 3.6.1 nur kurz angedeuteten methodischen Zusammenhänge gemeint, die natürlich noch ausführlicher dargestellt werden müssen.

3.6.2 Metamethode

Wenn ich im Sinne der Philosophie der Methode von der (philosophischen) Methode der Agonistik spreche, meine ich damit alle Begriffe der Philosophie der Agonistik, also alle Begriffe der ersten Ebene. Aus der Sicht der »einfachen (nicht-philosophischen) Methode«, wie sie auf der zweiten Ebene zum Einsatz kommt, ist die philosophische Methode eine Metamethode. Diese Metamethode im weiteren Sinne formuliert den Rahmen und die Spielregeln für die »einfache Methode«.

Die Metamethode im engeren Sinne ist die Philosophie der Durchsetzungslogik. Dabei werden die »Prinzipien der Logik der Durchsetzung« aufgezeigt. Wenn ich von »Metamethode« spreche, meine ich damit nur die Metamethode im engeren Sinne. Die verschiedenen metamethodischen Prinzipien werde ich weiter unten näher darstellen. Die Prinzipien der Metamethode zeigen den methodischen Spielraum des Strategen auf. Die Prinzipien bieten Hilfe bei der Auswahl der »einfachen Methoden« und sie zeigen deren Möglichkeiten auf. Der Stratege soll diese Möglichkeiten kennen und sich damit seine eigenen, mehr oder weniger starren metamethodischen Positionen für seine »einfach-methodische« Arbeit zurechtlegen und so seine »einfachen Methoden« vorstrukturieren. Dabei ist der Stratege, ob er will oder nicht, philosophisch tätig.

Beim allgemeinen »methodischen Prinzip« der Philosophie der Methode geht es vor allem um die Vor- und Nachteile von Methoden im Sinne des methodischen Pluralismus. Der Monismus wird abgelehnt. Dieses allgemeine Prinzip betrifft alle Wissenstypen. Für den Wissenstyp »Strategie« erfolgt eine Präzisierung des allgemeinen methodischen Prinzips durch die logischen Prinzipien der Metamethode (im engeren Sinne). Es geht darum Vorteile herauszuholen und Nachteile zu vermeiden. Die Qualität der Strategiemethoden im weiteren Sinne wird stark von der metamethodischen Position des Strategen bestimmt. Falsche metamethodische Vorstellungen führen zu unbefriedigenden Methoden. Die jeweilige metamethodische Position ist weiterhin sehr wichtig für die Qualität der Inhalte. Die Qualität der »einfachen Methoden« und die Qualität der Inhalte machen die Qualität der konkreten Strategie aus.

Die Metamethode kommt in der Praxis mehr oder weniger bewusst zum Einsatz. Ich bin der Meinung, dass der Stratege sehr viel von Metamethode verstehen soll und dieses Wissen ganz gezielt einsetzen soll.

3.6.3 Die theoretische Ebene

Auf der theoretischen Ebene geht es um Agonistik und nicht um Philosophie. Die agonistische Theorie handelt von den agonistischen Begriffen und Figuren bzw. von den agonistischen Methoden. Methoden sind agonistische Methoden, wenn sie der Durchsetzungslogik folgen. Viele Methoden sind zusätzlich agonistische Methoden, wenn sie primär zu einem anderen Wissenstyp gehören, aber auch agonistische Bedeutung haben. Für die Jagd wurden früher hauptsächlich Speere und ähnliche Distanzwaffen verwendet. Das betreffende ethische Wissen hat auch agonistische Bedeutung, weil durch diese Methode ein zu enger Kontakt mit wilden Tieren vermieden werden konnte. Alle sozialen und technologischen Innovationen sind auch von agonistischer Bedeutung.

Jeder Stratege entwickelt seine eigenen Methoden bzw. entwirft sich eine eigene Begriffsarchitektur. In der Agonistik gibt es also viel mehr Ansätze bzw. Mikroansätze als in der Sozialwissenschaft. Dafür ist die Theorie als Disziplin (allgemeine abstrakte Theorie) unterentwickelt.

Da die Metamethode die Prinzipen der Durchsetzung erfassen will, hat sie sehr viel mit agonistischen Methoden zu tun, sogar die metamethodischen Prinzipien selbst sind agonistische Figuren. Auch die philosophische Figur »Durchsetzung« kann man als agonistische Figur sehen.

Die Strategen interessieren sich für agonistische Figuren manchmal auch aus rein theoretischen Gründen. Sie haben dann keine unmittelbare Absicht, diese Figuren in einer Strategie oder Taktik einzusetzen.

Früher oder später geht es aber doch um das Verwenden einer agonistischen Figur im Zusammenhang mit einer konkreten Strategie. In der Agonistik will man vor allem konkrete Strategien erstellen. Das ist der eigentliche Zweck der Agonistik. Agonistische Figuren gehen in konkrete Strategien ein und wandern so in die konkrete Ebene. Umgekehrt kann man agonistische Figuren auch aus konkreten Strategien gewinnen. Die konkreten Strategien bereichern dadurch ständig das abstrakt-agonistische (das theoretische, das »einfach-methodische«) Wissen.

Hat der Stratege bei der Formulierung einer Strategiemethode im weiteren Sinne an eine bestimmte agonistische Figur gedacht oder hat er die betreffende Figur selbst erfunden? Hat er damit eine neue agonistische Figur entdeckt, die noch niemand kennt? Ist er von den Inhalten her auf eine neue Methode gestoßen?

Die verschiedenen »einfachen Methoden« sind auf der theoretischen Ebene angesiedelt.

3.6.4. Methode der Inhalte

Die Inhalte sind immer an Methoden gekoppelt. Ein Inhalt ist das Wissen von einem Einzelding bzw. von einem bestimmten Menschen. »General Electric« ist ein solcher Inhalt. »General Electric« ist aber auch ein Unternehmen. Mit »Unternehmen« ist eine bestimmte Methode gemeint. »Unternehmen« ist ein abstrakter Begriff. Es gibt viele Unternehmen, aber nur eine Firma »General Electric«.

Für den Strategen interessant ist das Zusammenspiel zwischen dem methodischen Aspekt des Inhaltes und der Strategiemethode im engeren Sinne. Die Wirkung der Strategiemethode kann dadurch eventuell enorm gesteigert werden, wie ich es am Beispiel des Inhaltes »Arkansas« angedeutet habe.

Der Stratege kann zu einem Inhalt aus inhaltlichen oder aus methodischen Gründen gelangen. Er kann auch an den Inhalten, die aus inhaltlichen Gründen in die Strategie hineingeraten sind, interessante methodische Aspekte entdecken und nutzen. Für die Handhabung der methodischen Aspekte der Inhalte gelten die Prinzipien der Metamethode bzw. die entsprechenden metamethodischen Positionen des jeweiligen Strategen.

Die Verinhaltlichung gleicht einem Fluss, der alle Inhalte und alle (verinhaltlichten) Methoden mit sich fortreißt. Trotzdem soll der Stratege sich eisern an seine Methoden klammern, beginnend mit der Verschmelzung von Inhalt und Methode. Die Methode (Metamethode, »einfache Methode«) ist sein Boot, mit dem er sich auf dem (inhaltlichen) Fluss behaupten muss.

3.6.5 »Methode der konkreten Strategie«

Bei der »Methode der konkreten Strategie« wird die konkrete Strategie (als Vollstrategie oder als strategischer Kern) einer methodischen Betrachtung unterzogen. Die »Methode der konkreten Strategie« in einer konkreten Strategie bezieht oft eine andere methodische Position als eine andere »einfache Methode« in der selben konkreten Strategie: Spielt z. B. das Unterprinzip »Schnelligkeit« (mit den entsprechenden Methoden) in der Strategiemethode im engeren Sinne keine Rolle, so kann die Schnelligkeit sehr wichtig sein für die Umsetzung der konkreten Strategie.

Die »Methode der konkreten Strategie« ist der »Methode des Inhaltes« und der Strategiemethode im engeren Sinne gleichwertig. Die »Methode der konkreten Strategie« hat also keine Koordinierungsfunktion. Die Koordinierung wird von allen »einfachen Methoden« gemeinsam bzw. von den Inhalten erledigt. Es gibt keine durchgehende Rationalität in der Strategie. Der Stratege startet vielleicht mit einer Strategiemethode im engeren Sinne und denkt sich methodisch zu den Inhalten und zur konkreten Strategie durch. Sobald eine konkrete Strategie im Entstehen ist, gerät der Stratege auch in den inhaltlichen Sog. Eventuell muss er seine Strategiemethode im engeren Sinne modifizieren. Neue Strategiemethoden im engeren Sinne kommen hinzu.

Die »Methode der konkreten Strategie« muss nicht zu jedem metamethodischen Prinzip Stellung nehmen. Dann hat die Taktik mehr Spielraum in dieser Hinsicht, soweit die Taktik damit nicht den sonstigen strategischen Vorgaben widerspricht. Der Stratege muss selbst wissen, wie viel Freiheit er der Taktik lassen will.

4. Die Prinzipien der Metamethode

4.1 Das Ursprungsprinzip

4.1.1 Logik des Ursprungsprinzips

Beim Ursprungsprinzip wollen wir wissen, welche Disziplin bzw. welche Unterdisziplin hinter einer »einfachen Methode« steckt. Eine bestimmte Disziplin ist eine agonistische Figur. Die agonistischen Kräfte dieser Figur gehen in die »einfache Methode« ein. Gleichzeitig wird die Methode von der disziplinären Methode vorstrukturiert. Man ist dann an diese Vorstrukturierung gebunden. Man ist nicht mehr voll beweglich. Man muss sich methodisch in der vorgegebenen Struktur bewegen.

Irgendeine Variante im Sinne des Ursprungsprinzips wird von monistischen Strategen oft schon für das Wesentliche an der Strategie gehalten. Ich glaube aber, dass alle agonistischen Figuren relativ sind.

Der Stratege kann sich reduktionistischen Fragestellungen nicht entziehen. Immer wieder wird er in der methodischen Arbeit mit solchen Fragen konfrontiert sein.

4.1.2 Vorbild Physik

Die Strategen sind manchmal von der Physik so fasziniert, dass sie physikalische Methoden in der Strategie analog anwenden wollen. Einen Nagel kann man ganz leicht in ein Brett schlagen, einen stumpfen Gegenstand natürlich nicht. Mit einem Karateschlag können mehrere Bretter durchschlagen werden. Ein Judokämpfer nutzt den Schwung des Gegners um ihn durch die Luft zu schleudern.

Viele physikalischen Begriffe führen zu entsprechenden agonistischen Figuren: Raum, Zeit, Bewegung, Kraft, Schwerpunkt, Konzentration der Kräfte auf einen Punkt, Hebel, Beschleunigung, Masse, Geschwindigkeit etc.

Beim strategischen Kern von Sam Walton ging es um Geschwindigkeit. Walton hatte die historische Chance, eine Kette aufzubauen. Dazu musste er rasch agieren und möglichst schnell neue Filialen gründen.

Der strategische Kern der Strategie von Jack Welch will die einzelnen Geschäftsbereiche zu echten Kraftpaketen und Kampfmaschinen machen. Je mehr große Geschäftsbereiche die Firma hat und je stärker diese sind, desto kräftiger ist die Gesamtfirma. Man darf aber nicht zu viele Geschäftsbereiche unter einem Dach vereinen. Welch ist dabei wohl ans Limit gegangen.

Auch Ray Kroc setzte auf Kraft und Stärke. Er musste eine Firma aufbauen, die den zahlreichen Konkurrenten gewachsen war. Die Kraft der Firma kam von den vielen hoch motivierten Franchisenehmern. Diejenige Restaurantkette, welche die meisten starken Restaurants hatte, trug den Gesamtsieg davon.

4.1.3 Vorbild Biologie

In der Natur hat jede Art ihre Kombination von Fähigkeiten entwickelt, die ihr das Überleben garantiert. Diese »Kompetenz« ist gleichsam die »Strategie« einer Art und der entsprechende Stratege ist dabei die Evolution. Vergleicht man nun ein Unternehmen mit einer Art im Sinne der Biologie, dann setzt man wohl den Kompetenzaufbau im Unternehmen mit Strategie gleich.

Im Tierreich schlüpft die Evolution in die Rolle des Strategen. Sonst gibt es dort nur Taktik: Kampf um die Rangordnung im Löwenrudel, Revierstreitigkeiten mit anderen Löwen, Konkurrenz zu anderen Jägern und Kampf mit dem Beutetier. Die Evolution ist nicht revolutionär. Der Stratege jedoch handelt revolutionär, wenn er seine Kernkompetenz, seinen einzigartigen Wettbewerbsvorteil, zu seinen Gunsten verändern will.

Anhänger von starker Zuspitzung in der Strategie finden in der Biologie nicht unbedingt Unterstützung. In der Natur gibt es gut angepasste Spezialisten. Ein ausgesprochener Sprinter unter den Tieren muss die Jagd bald abbrechen, wenn er die Beute nicht gleich erwischt. Es gibt aber auch gut angepasste Generalisten. Das sind eigentlich auch Spezialisten: Auch sie haben ihre Nische.

4.1.4 Vorbild Philosophie

Für den Strategen besonders wichtig ist die Reduktion auf Philosophie. Reduktionisten dieser Richtung verwenden Begriffe wie Struktur, Synergie, Qualität, System etc.

Besonders strukturelle Auffassungen sind häufig anzutreffen. So gibt es fanatische Anhänger von Groß- und Kleinstrukturen. In Großunternehmen wird versucht typische Strukturen von Kleinunternehmen zu etablieren. Jack Welch war in dieser Hinsicht besonders erfolgreich. Weiter liegt eine strukturelle Auffassung vor, wenn es darum geht, sich besonders gut auszurüsten für bevorstehende

Auseinandersetzungen. Mit einem normalen Gewehr hat man gegen ein Maschinengewehr kaum eine Chance. Es geht dabei natürlich nicht nur um Waffentechnologie, sondern um alle möglichen Arten von Strukturen (z. B. um die bessere Ausbildung). Der Begriff »Spiel« ist ein weiterer struktureller Begriff. Der Stratege muss sich an die logische Struktur des Spieles halten. Was muss ein guter Schachspieler können? Er muss etliche Züge vorausdenken können und die komplexe Situation auf dem Schachbrett blitzartig lesen können. Der Stratege kann von der Logik des Schachspiels zur Logik des Pokerspiels wechseln. Ist ein Schachspieler in der Endphase des Spiels in einigen Zügen unweigerlich am Ende, kann ein Pokerspieler eventuell noch durch einen Bluff der drohenden Niederlage entgehen.

4.1.5 Weitere Möglichkeiten zur Reduktion.

Die verschiedenen Disziplinen der Sozialwissenschaft können der Strategie als Vorbild dienen. So ist die Portfoliomethode der Unternehmensstrategie eine rein ökonomische Methode mit entsprechenden Unterbegriffen. Mit einer solchen Strategie wird Ökonomismus betrieben.

Strategie wird auch auf andere Wissenschaften bzw. auf andere Wissenstypen (z. B. auf Ideologie) reduziert. Hamel und Prahalad reduzieren Strategie vor allem auf Technologie.

Strategie kann auch als historisches Phänomen begriffen werden. Dabei können wir uns der Geschichte philosophisch, wissenschaftlich oder ethisch nähern.

Im Sinne dieser Art von Reduktionismus kann der Stratege als historischer »Held« gesehen werden. Es geht dabei um Strategen, die Geschichte schreiben, die an der Spitze einer neuen Entwicklung stehen, die etwas bewegen, die eine Revolution auslösen und die Pioniere sind. Bill Gates ist wohl ein solcher »Held«. In diesem Sinne ist es nicht unverdient, dass IBM gerade mit ihm ins Geschäft gekommen ist.

4.2 Das taktische Prinzip

4.2.1 Durchführung der Strategie

Die Sichtbarkeit des Unternehmens wird nur durch Taktiken ermöglicht. Nur durch die Taktiken kann ein sichtbares strategisches Werk entstehen. Die Taktik vollendet die Strategie. Ist das Werk bei der Entstehung noch unsichtbar, so muss später Sichtbares folgen, sonst verschwindet das Werk wieder. Gleich nach der Entstehung der Strategie wird mit deren Durchführung begonnen.

Die Erstellung der Strategie lässt sich nicht streng von der Durchführung trennen. Die Durchführung ermöglicht in der Erstellungsphase die fortschreitende Präzisierung, Veränderung und Ergänzung des Werkes. Die Durchführung kontrolliert den bisherigen Verlauf der Strategie. Kann das Werk noch genauso fortgesetzt werden? Wo muss die Strategie ergänzt oder verändert werden? Müssen die Obertaktiken noch deutlicher von der Strategie vorstrukturiert werden? Nützen die Obertaktiken ihren Spielraum? Wird die Strategie von den Obertaktiken richtig interpretiert? In der Erstellungsphase bedeuten Ergänzungen und Veränderungen der Strategie noch keine Strategieänderung.

Die Durchführung ist primär Sache der Taktik. Die Strategie muss allerdings grundsätzliche Aussagen zur Durchführung machen. Die Strategiemethoden im weiteren Sinne zur Durchführung sind im strategischen Kern oder im strategischen Rand enthalten.

Die Durchführungsmethoden in der Strategie haben großen Einfluss auf die Obertaktiken. Der Einfluss auf die Untertaktiken ist deutlich geringer. Die Strategie greift mehr oder weniger deutlich in die Strukturen der Obertaktiken ein. Die Strategie bestimmt den taktischen Spielraum jeder Taktik, und zwar methodisch und inhaltlich. Der Taktiker darf aber die Strategie nicht allein interpretieren, sondern muss auch auf die Interpretation der Strategie durch die Obertaktiker achten. Die Interpretation der Strategie ist für die Taktiker nur eine sekundäre Sache. Primär sind sie damit beschäftigt ihre Obertaktik durchzuführen. Dabei müssen sie die Obertaktik interpretieren. Für den Taktiker zählt grundsätzlich nur seine nächsthöhere Obertaktik. Der Taktiker ist in einem Bereich tätig, für den der nächsthöhere Obertaktiker voll und allein verantwortlich ist. Jede Einmischung des Strategen in taktische Angelegenheiten bedeutet eine Verletzung des Prinzips der Alleinverantwortung des Taktikers und der Obertaktiker auf allen Ebenen.

Der Stratege legt allgemein fest, wie die Zusammenarbeit zwischen den Obertaktiken aussehen soll bzw. was im Fall von taktischen Konflikten geschehen soll, wenn zwei oder mehr Obertaktiken auf der selben Ebene sich in allgemeinen oder konkreten Fragen nicht einigen können. Vor allem die Führungsmethoden müssen auf diesen Problembereich eingehen. Die Strategie muss dem Taktiker auch eine Orientierungshilfe anbieten, was er tun soll, wenn sich seine Obertaktiken auf der nächsten Ebene über ihm nicht einigen wollen.

Es ist nicht notwendig, dass der Taktiker und sein nächsthöherer Obertaktiker in der selben Gruppe oder Organisationseinheit agieren. Dieser Obertaktiker muss also kein direkter Vorgesetzter sein mit der Möglichkeit, dem Untergebenen Anweisungen zu erteilen. Die »Anweisungen« des Obertaktikers sind in einem solchen Falle nur durch Strategie und Taktik legitimiert.

Bei der Führung geht es um Strategieerstellung und um die Durchführung entlang der Strategie-Taktik-Achse. Führung ist für den Strategen eine Frage der Steuerung der strategischen Einheit. Der Taktiker muss die taktische Einheit auf Kurs bringen.

Die Durchführung der Strategie gehört zu den Aufgaben des Strategen. Er kann diese Aufgabe allerdings auch delegieren. Der Stratege ist meist nicht nur in der Strategieerstellung als Theoretiker tätig, sondern auch als Praktiker bei der Durchführung der Strategie. Dem Strategen steht dafür eine eigene taktische Einheit zur Verfügung. Die Taktik »Durchführung« auf der obersten taktischen Ebene hat die volle taktische Verantwortung für die gesamte Durchführung.

Die Taktiker werden für einen konkreten taktischen Bereich bestellt. Die Bestellung erfolgt durch die formalen Vorgesetzten, z. B. soll ein Taktiker große Investitionsvorhaben konkret planen. Sein zuständiger nächsthöherer Obertaktiker ist für den konkreten taktischen Bereich »Investitionen« zuständig. Der Taktiker für die »Laufende Planung von Großprojekten« hat nun bei seiner Aufgabe viel mit anderen taktischen Bereichen zu tun. Oft geht die Initiative von ihm aus. Er will etwas von anderen Taktikern, z. B. Geld. Dazu muss er sich mit der Taktik »Laufende Finanzierung von Großprojekten« auseinander setzen. Er will konkrete Großprojekte finanziell absichern. Zwischen den konkreten taktischen Bereichen »Investitionen« und »Finanzierung« gibt es Vereinbarungen, unter welchen Bedingungen Großprojekte zu finanzieren sind. Die Taktik »Laufende Finanzierung von Großprojekten« muss sich daran halten und mit der Taktik »Laufende Planung von Großprojekten« zusammenarbeiten. Die Taktik »Laufende Planung von Großprojekten« ist eine Untertaktik der taktischen Bereiche »Investitionen« und »Finanzierung«. Die Zusammenarbeit mit der Taktik »Laufende Finanzierung von Großprojekten« wird formal von der Taktik »Investitionen« oder von der Taktik »Finanzierung« geregelt. Eventuell bestehen keine allgemeinen Regeln und die Taktiker haben einigen Spielraum. Für die Taktiken »Finanzierung« oder »Investitionen« muss nicht unbedingt eine entsprechende Funktion oder Unterfunktion vorhanden sein. Beide Taktiken können z. B. zur Funktion »Produktion« gehören. Vielleicht gibt es auch keine eigenen Organisationseinheiten für diese Taktiken. Die eben erwähnten Taktiken und Obertaktiken sind konkrete Taktiken. Sie enthalten viele konkrete Elemente. Sie gelten für viele laufende Investitionsprojekte. Als Untertaktiken gibt es noch ganz konkrete Durchführungstaktiken, die nur für die einzelnen konkreten Projekte gelten.

4.2.2 Die Strategie-Taktik-Logik

Die Strategie-Taktik-Logik ist von zentraler Bedeutung für die Strategie. Alle anderen Logiken entfalten ihre methodische Wirkung nur entlang dieser zentralen Logik: Organisation, Prozess, Struktur, Funktion, Planung, Kompetenz, Arbeit etc. sind abstrakte Strategie- oder Taktikmethoden. Sie gehen in konkrete Strategien und Taktiken ein.

Prozesse müssen die Taktik unterstützen. Organisationseinheiten müssen nicht taktischen Einheiten entsprechen, da das gar nicht machbar ist. Sie dürfen aber die Taktik nicht behindern. Funktionale bzw. disziplinäre Barrieren müssen überwunden werden, wenn die Taktik das verlangt. Jeder Arbeitsschritt erfolgt im Rahmen einer Taktik. In der Ausbildung müssen Taktiken und Untertaktiken geübt werden. Die Motivation der Mitarbeiter muss sich eng an die Taktik anlehnen. Viele weitere in der Betriebswirtschaftslehre heiß geliebten Begriffe wie System, Phase, Entscheidung, Ziel etc. verlieren hier ebenfalls an Bedeutung.

Sieht man eine Firma aus der Sicht der Prozesslogik, dann denkt man dabei vor allem an die Erledigung der laufenden Arbeit. Strategie und Taktik bleiben dabei im Hintergrund.

Ist ein Unternehmen primär nach der Strategie-Taktik-Logik organisiert, bedeutet das nicht: zu viele hierarchische Ebenen, übertriebene Komplexität, Bürokratisierung, Verlangsamung, Überregulierung, Überlastung an der Spitze, Konflikte, Vernachlässigung wichtiger Dinge, Inflexibilität, hohes Risiko, Militarisierung, übertriebener Leistungsdruck, Zentralisierung, Planwirtschaft, Kopflastigkeit und Mangel an Kreativität.

Es gibt nicht nur einen strategischen Kern, sondern auch einen taktischen Kern. Besonders der taktische Kern sorgt für Schnelligkeit, Einfachheit und Effektivität.

4.2.3 Taktik und die Erledigung der laufenden Arbeit

Die mit den Taktiken betrauten Personen müssen die Strategie durchführen und gleichzeitig die laufende Arbeit machen. Die laufende Arbeit ist Teil von Strategie und Taktik. Strategie und Taktik sind Theorie und die laufende Arbeit ist Praxis. Die Praxis soll sich innerhalb des theoretischen Rahmens bewegen. Die Praxis ist der Prüfstein für die Theorie. Die Praxis hat Rückwirkungen auf die Theorie. Die Praxis ist der Zweck der Theorie. Durch die Entlohnung für die laufende Arbeit wird das Theorie-Praxis-System erhalten. Das Unternehmen muss einen Nutzen bieten. Die Firma muss hart arbeiten. Strategie und Taktik kann man nicht sehen, die Erledigung der laufenden Arbeit schon. Wenn eine neue Strategie erstellt wird, muss die anfallende Arbeit noch ganz oder teilweise nach der alten Strategie gemacht werden.

Ist jemand Obertaktiker in einer großen Firma, dann sieht seine laufende Arbeit anders aus als die Arbeit der Leute, die auf der untersten hierarchischen Stufe an der Front stehen. Er macht z. B. die Vorbereitungsarbeit für eine Investitionsentscheidung im Rahmen einer Obertaktik nicht selbst. Er behält sich nur wichtige Verhandlungen und wichtige Entscheidungen vor. Der Obertaktiker sorgt für die Theorie in seinem Bereich und er erledigt auch die anfallende Arbeit. Die Arbeit strömt heran und muss mehr oder weniger rasch erledigt werden. Der Taktiker ist aber auch auf der Suche nach Aufgaben, damit die Obertaktiken in seinem Bereich optimal umgesetzt werden. Er will seinen Beitrag zum Unternehmenserfolg leisten.

Es gibt drei Arbeitsrichtungen: von einer Taktik zur Untertaktik, von einer Taktik zur nächsthöheren Obertaktik, von einer Taktik zu einer anderen Taktik auf der selben Ebene. Gibt z. B. eine Obertaktik den Auftrag an eine Untertaktik, ein bestimmtes Produkt zu planen, so stellt dies für diese Taktik eine Routinearbeit dar, die im Rahmen der konkreten Taktik erledigt wird. Die betreffende Taktik arbeitet in Zusammenarbeit mit anderen Taktiken mehrere Produktvarianten aus und gibt einem Untertaktiker den Auftrag, die Produktvarianten bis ins Detail zu bearbeiten und dann zur Entscheidung vorzulegen.

Jede Aufgabe bzw. jeder einzelne Arbeitsschritt ist einer Taktik bzw. einer taktischen Ebene zugeordnet. Wenn nun die Untertaktik einer Untertaktik ihre Arbeit gemacht hat, wandert das Ergebnis wieder nach oben, wenn es notwendig ist. Eine Taktik muss oft bei der Erledigung ihrer Aufgaben auf mehrere Obertaktiken Rücksicht nehmen und, falls die Zeit nicht reicht, nur die wichtige Arbeit machen. Nur die Taktik bzw. die taktische Arbeit kann den strategischen Erfolg sichern. Nur bei der Taktik fällt praktische Arbeit an.

Die Leute, die auf der untersten taktischen Stufe quantitativ gesehen die Hauptarbeit erledigen, haben oft noch einigen taktischen Spielraum. Die Durchführung der Arbeit wird meist nicht bis ins letzte Detail von den höheren Taktiken geregelt.

4.2.4 Änderung einer Taktik

Jeder Mitarbeiter muss sich bei seiner Taktik meist an mehreren Obertaktiken orientieren. Er kann seine Taktik innerhalb des vorgegebenen Rahmens ändern und anpassen. Will der Taktiker diesen Rahmen sprengen, muss er das Einvernehmen mit den Obertaktikern suchen. Jede Änderung von Strategie und Obertaktik führt auch zu taktischen Veränderungen. Das Erstellen bzw. das Ändern einer konkreten Taktik kann bei Bedarf sehr rasch erfolgen. Eine Taktik kann natürlich auch sehr lange und gründlich geplant werden. Der Übergang von einer Taktik zu einer anderen kann auch völlig ungeplant vor sich gehen.

4.2.5 Taktische Aufgaben des Strategen

Der Stratege wird meist einige Obertaktiken übernehmen, also praktische Arbeit verrichten, zusätzlich zu seiner theoretischen Arbeit (Strategieerstellung). Durch die Obertaktik »Durchführung« stellt er die Verbindung zwischen Theorie und Praxis her und er versucht Reibungsverluste zwischen Strategie und Taktik zu vermeiden bzw. zu mildern. Der oberste Führer muss mitarbeiten und sich einsetzen, damit die Strategie ein Erfolg wird.

Im Bereich »Selbstorganisation« muss der Stratege tief in die Untertaktiken einsteigen und z. B. bei der Festlegung seiner Termine helfen.

4.3 Das Richtungsprinzip

4.3.1 Anti-Strategie

Welche Alternative gibt es zum strategischen Denken und Handeln? Bestimmte Tätigkeiten sind von der Logik her agonistische Tätigkeiten. Wenn man agonistisch tätig ist, gibt es keine Alternative zum strategischen Vorgehen. Man kann nicht aus der Agonistik bzw. aus der Strategie aussteigen. Selbst blinder (bzw. chaotischer) Aktionismus ist deshalb eine Strategie des blinden Aktionismus. Bei einer solchen Vorgehensweise gibt der Stratege keine Richtung vor und es erfolgt deshalb keine Bündelung der verschiedenen strategischen Kräfte. Diese Art von Strategie ist Anti-Strategie. Aus irgendwelchen Gründen weigert sich der Stratege seine Arbeit zu machen.

4.3.2 Normale Strategie

Bei normalen Strategien, also bei Strategien, die keine Anti-Strategien sind, schlägt der Stratege eine Richtung ein. Er geht ein Risiko ein. Er bringt das Schiff auf einen bestimmten Kurs. Der Stratege wählt eine Anzahl von Methoden und Inhalten aus, die in die Strategie eingehen. Eine konkrete Strategie mit entsprechenden strategischen Zielen entsteht. Enorm viele Methoden und Inhalte werden erst gar nicht in die Strategie aufgenommen. Jede konkrete Strategie ist zugespitzt: Es gibt relativ wenige »einfache Methoden«, Inhalte, konkrete methodisch-inhaltliche Elemente und strategische Ziele. Wichtig ist nur, dass überhaupt zugespitzt wird. Es kommt nicht auf den Grad der Zuspitzung an.

Es gibt konkrete Strategien, die sind sehr zugespitzt und es gibt solche, die wenig zugespitzt sind. Diese gehen ziemlich in die Breite. Immer handelt es sich dabei um normale Strategien und nicht um Anti-Strategien. Jede normale Strategie ist mehr oder weniger zugespitzt. Jede normale Strategie gibt eine Richtung vor. Der Stratege verlässt sich dabei auf die Auswahl seiner Methoden und Inhalte und setzt alle Kräfte ein, damit die Strategie Erfolg hat.

Ein Motorradfahrer, der die Geschwindigkeit liebt, wählt oft nur Zufallsziele, die er mit vollem Einsatz anpeilt. Er bündelt seine Kräfte. In der Strategie funktioniert das aber nicht. Der Kräfteeinsatz fällt in einem solchen Fall zu gering aus oder unterbleibt ganz. In der Strategie sind die geistigen Kräfte besonders wichtig und viel Geist kann bei Zufallszielen ja nicht vorhanden sein oder zum Zug kommen.

4.3.3 Das Handlungsdilemma

Beim »Handlungsdilemma« in der Agonistik geht es darum, dass die Auswirkungen agonistischer Handlungen sich nicht abschätzen lassen. Bei gegebener Strategie sind sehr viele verschiedene taktische Handlungen (Einzelhandlungen, Handlungsaggregate) möglich. Jede Variante wird den strategischen Erfolg mehr oder weniger stark beeinflussen.

Steht für den Strategen noch keine Strategie zur Verfügung, ist das Handlungsdilemma noch gravierender. Er muss erst eine Richtung einschlagen und eine Strategie auswählen. Die Anzahl möglicher Handlungen wird noch größer.

Das »ökonomische Prinzip« ist nicht geeignet, Lösungen für das Handlungsdilemma zu liefern. Dieses Prinzip besagt, dass ein gegebenes Ziel mit möglichst geringem Mitteleinsatz erreicht werden soll oder dass bei gegebenem Mitteleinsatz das Ziel maximiert werden soll. Beim Mitteleinsatz geht es letztlich um Handlungen. Nach dem ökonomischen Prinzip wird z. B. ein Gewinnziel vorgegeben und die Kosten sollen deutlich gesenkt werden. Der operative Zweck ist die Kostensenkung. Geht es aber z. B. darum, einen möglichst hohen Gewinn zu erzielen bei vorgegebenem Mitteleinsatz, dann geht der operative Druck in Richtung Gewinnsteigerung.

Das ökonomische Prinzip hält sich an die Ziel-Mittel-Logik, die in der Ökonomie sehr beliebt ist. Das ökonomische Prinzip ist ein wissenschaftliches Prinzip. In der Wissenschaft wird die Wertfreiheit betont. Über die Ziele macht die Wissenschaft keine Aussagen. Da entgeht ihr allerdings sehr viel. Meiner Meinung nach ist aber die »Strategie-Taktik-Logik« primär, alle anderen Logiken sind nur sekundär.

Das ökonomische Prinzip glaubt an die Maximierungs- oder Minimierungslogik. Man muss zwischen Mitteleinsatzminimierung oder Zielsystemmaximierung wählen. Ein Stratege kann dagegen in der Realität durch eine neue Strategie durchaus Umsatz und Gewinn steigern, den Marktanteil beachtlich erhöhen und dabei noch die Kosten senken.

Als mathematisches Modell wird das ökonomische Prinzip der Wirklichkeit schon gar nicht gerecht. Ein solches Modell ist viel zu wenig realistisch. Es eignet sich nicht einmal als Denkmodell für pädagogische Zwecke. Wie kann so ein einfaches mathematisches Modell aussehen? Ein Unternehmen möchte bei gegebenen Handlungsalternativen seine Ziele bestmöglich erreichen. Vor der Berechnung der besten Handlungsalternative muss angegeben werden, was jede Handlungsalternative zur Erreichung der einzelnen gewichteten Ziele beitragen kann. Es wird jene Handlungsalternative gewählt, welche den höchsten Zielerreichungswert liefert.

4.3.4 Die strategischen Kräfte

Zur Richtungslogik gehört die Zuspitzung. Der Stratege muss voll auf diese Zuspitzung setzen und alle Kräfte des Unternehmens der Strategie zur Verfügung stellen. Damit sind nicht nur die bestehenden Kräfte gemeint. Mit dem Fortschreiten der Strategie entstehen immer neue Kräfte. Auch diese Kräfte werden vollständig in die Erstellung und Durchführung der Strategie investiert. Durch das Zusammenwirken der verschiedenen Kräfte wird die Wirkung noch zusätzlich gesteigert. Die Kräfte stammen vom Unternehmen selbst, von Menschen und Strukturen außerhalb des Unternehmens, vom Strategen, von den Eigentümern des Unternehmens, von den Kontrollorganen des Unternehmens, von Gruppen und Organisationseinheiten innerhalb des Unternehmens und von den Mitarbeitern.

Zu den strategischen Kräften gehören Kreativität, Intuition, Talent, Mut, Wille, Motivation, Gefühle, Einstellungen, Regeln, Werte, Ideen, Ideologie, Erfahrungen, Informationen, Wissen, Know-how,

Vision, Anregungen, Ziele, Zwecke, Image, Macht, Kapital, Kredit, Arbeitskraft, Rechte, Patente, Geld, Gebäude, Grundstücke, Ausrüstung, Produktionsmittel, Standortvorteile, sonstige Vorteile, Ausgangslage und noch viele andere Kräfte.

4.3.5 Anmerkungen zum Einschlagen einer Richtung

Das Einschlagen einer Richtung (Zuspitzung, Kräftebündelung) ist eine ernste Angelegenheit. Man kann eine Strategie nicht beliebig ändern. Durch den Kräfteeinsatz entstehen nämlich Strukturen. Es ist teuer, mühsam und schwierig Strukturen zu schaffen, aber die Veränderung von Strukturen ist oft noch teurer, mühsamer und schwieriger. Menschen müssen alte Verhaltensweisen mühsam verlernen. Mühsam ist es auch etwas Neues zu lernen. Viele Strukturen lassen sich nur mittel- bis langfristig ändern. So dauert es sehr lange, eine Unternehmenskultur gravierend zu ändern. Manche Strukturen werden durch eine Richtungsänderung überflüssig. So ist die Schließung einer Fabrik und die Entlassung vieler Leute eine sehr unangenehme Sache für alle Beteiligten. Jede neue Strategie ist riskant. Also wird man sich möglichst selten auf eine neue Strategie einlassen.

Ein einzelner Stratege kann durchaus mehrere Strategien durchziehen, wenn er mehrere voneinander unabhängige Unternehmen strategisch führt. Für jedes Unternehmen hat er eine eigene Strategie. Jedes Unternehmen schlägt eine andere Richtung ein. Ein Stratege kann aber auch alle Unternehmen, die sich in seinem Portfolio befinden, mit einer einzigen Strategie führen. Für jedes einzelne Unternehmen wird dann eine konkrete Taktik benötigt. Er gibt eine einzige strategische Richtung vor. Der Stratege hat in diesem Falle eine bestimmte strategische Zuspitzung vorgenommen. Kauft er nur billige, ausbaufähige Unternehmen? Will er seine Unternehmenskultur in vielen Unternehmen ausprobieren? Kennt er sich in einer Branche aus? Sind seine Unternehmen schnell wachsende Unternehmen? Haben seine Unternehmen versteckte Reserven?

Je genauer die Richtungsangabe des Strategen, desto zugespitzter und spezieller ist das Unternehmen und desto geringer ist die methodische und inhaltliche Breite des Unternehmens. Bei einer Uhr zeigt die Zwölf nach Norden. Eine ungenaue Richtungsangabe liegt vor, wenn nur die Haupthimmelsrichtung angegeben wird und nur zwischen 12 (Norden), 3 (Osten), 6 (Süden) und 9 (Westen) unterschieden wird. Eine mittlere Genauigkeit liegt vor, wenn auch die Stunden zur Richtungsangabe verwendet werden. Die Richtung eines engen Spezialisten erhalten wir durch Minutenangaben.

4.3.6 Spezialisten und Generalisten

Monisten halten eine der beiden Vorgehensweisen für überlegen. Pluralisten glauben das natürlich nicht.

Die Unterscheidung zwischen Spezialisten und Generalisten orientiert sich an der methodischen und inhaltlichen Spannweite. Dabei kommt es nicht nur auf die Quantität der Methoden und Inhalte bzw. der methodisch-inhaltlichen Elemente an, sondern auch auf deren Qualität und auf die Quantität und Qualität der Strukturen, die durch eine solche Strategie entstehen. Wal-Mart ist einerseits Spezialfirma. Sie ist im Einzelhandel tätig. Die Waren werden möglichst billig angeboten. Die Umsätze sind hoch. Andererseits geht Wal-Mart in vielen Bereichen enorm in die Tiefe (Logistik, Führung, Informationswesen, Firmenkultur etc.). Ein reiner Spezialist könnte das nicht machen. Wal-Mart ist keine reine Spezialfirma, aber auch nicht so generell wie General Electric. Bei dieser Thematik spielt der strategische Kern eine große Rolle. Eine Firma für Spezialdruckmaschinen ist vom strategischen Kern her primär eine eng angelegte Spezialfirma. Gleichzeitig braucht eine solche Firma jedoch viel breit angelegtes Wissen, wenn sie als Einzelkämpfer auf dem Weltmarkt tätig ist. Der strategische Rand geht auf diese Methoden und Inhalte ein. Bei Wal-Mart ist die eben angedeutete methodische und inhaltliche Breite bzw. Tiefe im strategischen Kern verankert.

Ein Spezialist ist nicht sehr flexibel. Ein Unternehmen, das nur auf Motoren spezialisiert ist, kann nicht rasch ohne fremde Hilfe in eine andere Branche einsteigen. Immerhin kann diese Firma verschiedene Arten von Motoren herstellen. Eine Firma, die sich auf einen bestimmten Motor spezialisiert hat, kann das wahrscheinlich nicht. Je spezialisierter ein Unternehmen ist, desto kleiner ist es tendenziell. Solche Unternehmen haben viel weniger Kunden als breit angelegte Unternehmen. Es gibt Unternehmen, die haben bedeutende globale Marktanteile, obwohl sie klein sind. Solche Spezialfirmen können nicht flexibel sein, aber schnell, wendig und unbürokratisch.

Man darf Zuspitzung nicht mit Schärfe verwechseln. Mit einem scharfen Messer kann man fast mühelos viele Dinge schneiden. Wenn ich ein Messer anfasse, erkenne ich schnell, ob es scharf ist oder nicht. Die Schärfe einer konkreten Strategie bzw. die Schärfe von Methoden und Inhalten lässt sich nicht so leicht feststellen. Man kann aber leicht erkennen, dass die Schärfe einer Strategie nicht vom Spezialisierungsgrad abhängt. Es gibt scharfe Generalisten und stumpfe Spezialisten. Enge Spezialisten dürfen sich nicht mit mehr Berechtigung als Generalisten auf die Physik des Keiles berufen. Es stimmt nicht, dass eine breite Strategie grundsätzlich weniger scharf und erfolgreich ist.

Generalisten werden von ihrer Struktur her genauso gut mit ihrer »Umwelt« fertig wie Spezialisten. Es geht dabei nicht nur um Anpassung, sondern auch um Gestaltung, nicht nur um Kompetenzen, sondern um alle Arten von Wettbewerbsstrukturen bzw. letztlich um Methoden und Inhalte.

Generalisten und Spezialisten müssen sich gegen direkte und indirekte Konkurrenz durchsetzen. Firmen aus verschiedenen Branchen stehen in Konkurrenz zueinander um das knappe Geld der Käufer. Für Generalisten gibt es zwei Arten von direkter Konkurrenz. Stehen sich gleiche oder ähnliche Konkurrenten gegenüber, sind die Generalisten insgesamt gefordert. Wenn 3M in einem der vielen Geschäftsbereiche auf einen Konkurrenten trifft, dann ist die Firma nur in einem Teilbereich gefordert. Der Mensch ist als Generalist zuletzt vom Neandertaler gefordert worden. Lebewesen können uns schon lange nur mehr in Teilbereichen fordern. Dort können sie uns aber sehr fordern, wenn wir an die Viren und Bakterien denken. Sowohl Generalisten als auch Spezialisten können sich intensiver Konkurrenz ausgesetzt sehen. Nur wenn es ganz generell oder ganz speziell wird, gibt es weniger Konkurrenz. Spezialfirmen mit einem Weltmarktanteil von über 50 Prozent haben eventuell überhaupt keine ernsthaften Konkurrenten. General Electric wird von keinem Konkurrenten generell gefordert.

»Vertiefung« ist keine Frage der Zuspitzung. Generalisten und Spezialisten müssen sich vertiefen. Jede Strategie soll auf gutem Fundament stehen. Jede Strategie wird dadurch zu etwas Besonderem. Jede Strategie bekommt dadurch Charakter und jede strategische Einheit eine größere Chance zum Überleben. Die Tiefe sorgt für die Qualität der Methoden und Inhalte. Um Strategien mit Methoden («einfachen Methoden«) und Inhalten von hoher Qualität brauchen wir uns keine Sorgen zu machen, selbst wenn die Konkurrenz auch hohe Qualität vorweisen kann. Tiefe Strategien sind Strategien mit Charakter. Der Charakter schützt vor Nachahmung. Nachahmung ist auch riskant. Ist es nicht besser alle Kräfte in eigene Methoden und Inhalte zu stecken? Vertieft werden können die Erfahrungen, die Fähigkeiten, die Eigenschaften, das Wissen, die Gefühle, die Motivation, das Lernen, die Umsetzung des Wissens, das Können, die Vision, das Nachdenken, das Ausprobieren und noch viele andere Bereiche, und zwar in den Strukturen des Unternehmens, beim Strategen und bei seinen Mitarbeitern auf allen Ebenen.

Auch die Spezialisten können grundsätzlich Synergien nützen. Wenn z. B. eine Spezialfirma eine andere sehr ähnliche Firma schluckt, werden in beiden Firmen viele Strukturen überflüssig oder die Firma erreicht dadurch eine kritische Größe und wird viel attraktiver für die Kunden. Ein Spezialist kann neue Methoden und Inhalte aufnehmen und sich dadurch mehr oder weniger stark verändern. Generalisten sind sowieso Synergetiker. Sie kombinieren tendenziell so lange Methoden und Inhalte bis das System (die Strategie) die gewünschte Wirkung erzielt.

4.4 Prinzip der Eigenschaften

4.4.1 Der Charakter der Agonistik

Bei diesem metamethodischen Prinzip geht es um die Eigenschaften bzw. den Charakter der Agonistik und damit der Strategie. Auf allen methodischen Ebenen der Strategie stoßen wir auf die Eigenschaften der Agonistik.

Das Eigenschaftskonzept wird allerdings ausgehöhlt, wenn in einer Eigenschaftsdimension nicht ein bestimmter enger Bereich für eine Person oder Sache gemessen wird, sondern eine breite Spanne angegeben wird. Wenn ich erfahre, dass eine Person sich oft sehr stur verhält, aber oft auch leicht nachgibt, weiß ich nicht, was ich von diesem Menschen in dieser Hinsicht halten soll. In dieser Hinsicht ist der Charakter dieser Person nicht eindeutig, sondern zweideutig.

Agonistik und Strategie sind bei allen agonistisch relevanten Eigenschaftsdimensionen zweideutig bzw. eigenschaftslos. Sie sind ethisch und unethisch, rational und irrational, rational und arational, vernünftig und unvernünftig, qualitativ und quantitativ, objektiv und subjektiv, abstrakt und konkret, theoretisch und praktisch, wertend und wertfrei, interessensbezogen und interessensneutral, ideologisch und pragmatisch, rückständig und fortschrittlich, mitfühlend und gefühlsfrei, gerecht und ungerecht, grausam und human, revolutionär oder reaktionär, primitiv und subtil, wahr und unwahr, sachlich und unsachlich, kreativ und einfallslos, stark und labil etc.

Warum ist die Agonistik so zweideutig? In der Agonistik geht es um die Durchsetzung und der Agonistiker kann deshalb nicht eindeutig sein, weil er sonst leicht auszurechnen ist. Außerdem muss man sich an den Gegner halten. Oft genügt schon die Vermutung, dass sich der Gegner unfair verhalten wird und wir halten selbst nach geeigneten Mitteln Ausschau. Zumindest muss man alle Eigenschaften der Agonistik bzw. der Agonistiker kennen um nicht als Stratege unliebsame Überraschungen zu erleben. Die Versuchung, die Kenntnisse auch anzuwenden, besteht allerdings immer.

Agonistik und Strategie haben durchaus ihre grauen Seiten. Sie sind dann versteckt, geheim, maskiert, vage, schillernd, verworren, kompliziert, unklar, nur angedeutet, doppelbödig und rutschig. Manchmal zeigen sie auch ihre schwarzen Seiten. Dann sind sie verlogen, gemein, hinterhältig, falsch, intrigant, skrupellos, gefährlich, verletzend, brutal, rücksichtslos, gnadenlos etc.

Agonistik und Strategie sind aber nicht überwiegend so. Es gibt starke Gegenkräfte. Jeder Agonistiker ist in ethische (Ethik im weiteren Sinne) Zusammenhänge eingebunden und muss dort den Preis für unethisches Verhalten (Ethik im weiteren Sinne, Ethik im engeren Sinne) zahlen. Für etliche Agonistiker mag sich unethisches Verhalten voll auszahlen, wir dürfen das aber nicht verallgemeinern. Früher oder später wird sich die Gesellschaft wehren, wenn ihre ethischen Standards nach unten gedrückt werden, oder sie wird Schaden erleiden. Es kann sogar sein, dass die Gesellschaft plötzlich Verhalten nicht mehr duldet, das bisher nicht geahndet wurde. Die Gesellschaft schluckt nicht alles, was ein Stratege im Dienst seines Projektes macht. Der Stratege ist kein Übermensch, der alle Mittel einsetzen darf. Übertreibt ein Stratege, dann wird er nicht nur ethisch scheitern, sondern auch als Agonistiker. Eine wichtige Grenze für den Strategen ist der von den Gesetzen vorgegebene Rahmen des Erlaubten. Das ist die Untergrenze. Die Obergrenze ist erreicht, wenn das strategische Projekt in Gefahr gerät. Dazwischen liegt der ethische Spielraum des Strategen. Der Stratege hat immer mit Ethik im engeren Sinne zu tun, ob er sich ethisch verhalten will oder nicht.

4.4.2 Das Politische

Politik ist der gesellschaftliche Bereich, der mit dem »Regieren« zu tun hat. Das »Regieren« wird also von den Politikern besorgt. Politiker sind Agonistiker, aber nicht jeder Agonistiker ist Politiker. Nur etwas, das mit dem »Regieren« zu tun hat, ist politisch. Alles andere ist nicht politisch. Politiker haben aber nicht nur direkt mit dem »Regieren« zu tun, sondern auch indirekt: Politiker interessieren sich neben ihren direkten funktionalen Aufgaben besonders für Karriere-, Partei- und Ideologiefragen. Für die Politiker ist die soziale Welt vor allem eine politische Welt. Alles ist eine Aufgabe oder ein Problem, oder könnte es noch werden. Alles ist potenziell irgendwie nützlich oder schädlich.

Was man oft für »typisch politisch« hält, hat bei genauem Hinsehen jedoch nichts mit dem »Regieren« zu tun. Alle Aufgabenbereiche in der Gesellschaft sind so, nicht nur die Politik. Überall gibt es Machteinsatz, Auftreten von Interessen, Entstehung von Konflikten, Gruppenbildung, Durchsetzung von Interessen, Verhandlung, Kampf, Gewalt und Intrigen. So hat z. B. ein Machtkampf in einer Religionsgemeinschaft keinen Bezug zum »Regieren«. Das typisch Politische in diesem weiten Sinne existiert also gar nicht und es steht damit auch keine Eigenschaft dahinter.

Diese »politischen« Phänomene sind eigentlich soziale Phänomene, die für den Agonistiker interessant sind und die bei Strategien und Taktiken beachtet werden müssen. Soziologen interessieren sich eventuell für die Gruppendynamik beim Auftreten bestimmter Konflikte und Historiker für den konkreten Verlauf bestimmter Konflikte. Es gibt viele wissenschaftliche Disziplinen, die Interesse an solchen »politischen« Themen haben. Die Organisationspsychologen sprechen von »Mikropolitik«. Sie betonen mit diesem Begriff die verschiedenen Interessen der Akteure in einer Organisation. Zur Interessensdurchsetzung stehen ihnen verschiedene Instrumente zur Verfügung: Informationsfilterung, Bildung von Seilschaften, Ausstreuen von Gerüchten und Ähnliches.

In der Agonistik geht es dagegen nicht primär um solche »grauen« und »schwarzen« Sachen. Man soll sogar durch Strategien und Taktiken solche Organisationen schaffen, die sehr wenig »Mikropolitik« zulassen. Wenn alle fest an einem Strick ziehen müssen, hat niemand eine Hand frei um einem Kollegen ein Messer in den Rücken zu jagen.

4.4.3 Logik der Politik

Die Logik der Politik ist das »Regieren«. In der Gesellschaft hat jeder Aufgabenbereich seine eigene Logik. Es ist allerdings schwierig, die einzelnen gesellschaftlichen Aufgabenbereiche voneinander abzugrenzen. Wird die »Wirtschaft« dabei institutionell gesehen als die Gesamtheit aller Unternehmen, dann werden Privatkrankenhäuser zur Wirtschaft gerechnet und öffentliche Krankenhäuser zur Politik.

Auch in der Steinzeit wurde schon »regiert« und deshalb gab es dort bereits Politik. »Regieren« in einer Steinzeitgesellschaft bedeutet allerdings etwas anderes als »Regieren« in einer modernen Gesellschaft. Die Politik (also der Bereich des »Regierens«) lässt sich weiter aufspalten. Es gibt Verwaltung, Gesetzgebung, Justiz und die Kontrollorgane. Auch eine Aufspaltung nach Sachaufgaben ist mög-

lich: Sicherheitspolitik, Kulturpolitik, Sozialpolitik, Gesundheitspo-
litik, Kulturpolitik und noch viele andere Bereiche.

4.5 Das Werteprinzip

4.5.1 Strategische Werte im weiteren Sinne

Das Werteprinzip will nicht das normative Element von Agonistik
und Strategie herausarbeiten oder zusammenfassen. Es geht nur
um die strategischen Werte im weiteren Sinne. Ein »Wertstratege«
glaubt, dass er mit einem bestimmten strategischen Wert im weiteren Sinne (z. B. durch die Flexibilität) an das wahre Wesen der Strategie herankommt.

Strategische Werte im weiteren Sinne sind: strategische Regeln,
Prinzipien, Kriterien, Vorschriften, Werte im engeren Sinne und
Ähnliches. Werte im engeren Sinne sind z. B. Schönheit, Gerechtigkeit, Wahrheit, Wertfreiheit etc. Spielt der Begriff »Schönheit« bei
den strategischen Methoden und Inhalten eine Rolle, dann wird
der Wert »Schönheit« zu einem agonistischen Wert. Die Schönheit
soll das Unternehmen letztlich erfolgreicher machen. Die Wissensfiguren (Unterfiguren) zu diesem Thema werden zu agonistischen
Figuren. Die Methode »Schönheit« steht in einem agonistischen Zusammenhang.

Ausgangspunkt für die Werte im weiteren Sinne sind Verhaltensweisen von Lebewesen. Für jede dieser Verhaltensweisen wird ein Begriff gefunden. Wir können z. B. »offensives Verhalten« beobachten.
Für den Agonistiker ist »Offensive« eine agonistische Methode bzw.
eine agonistische Figur. »Offensive« ist für ihn ein agonistischer Wert
im weiteren Sinne bzw. ein agonistisches Prinzip. Schon die Tiere ah-
nen, dass es z. B. gefährlich ist, die Realität zu verkennen oder zu
verleugnen. Sie müssen, so gut es geht, den Dingen auf den Grund
gehen. Es gilt Chancen zu nützen und Gefahren zu erkennen. Die
ständige »Wahrheitssuche« ist lebenswichtig. Die »Wahrheit« (z. B.
diese Höhle ist unbewohnt), also gesichertes Wissen, beruhigt.

Die Werte im weiteren Sinne entstehen in der Ethik (als Wissenstyp). Aber dann lässt sich nicht mehr sagen, welchem Wissenstyp man einen Wert im weiteren Sinne primär zuordnen soll. Die
Wahrheit »gehört« z. B. nicht der Wissenschaft und nicht der Ethik
im engeren Sinne.

Hinter den Verhaltensweisen, die zu einem Wert im weiteren
Sinne führen, stehen oft Eigenschaften. Jemand verhält sich z. B.
defensiv, weil er ängstlich ist. Menschen besitzen enorm viele Ei-

genschaften: Sie sind groß oder klein, stark oder schwach, mutig oder ängstlich. Menschen mit positiven Eigenschaften sind intelligent, talentiert, flexibel, kreativ, durchschlagskräftig, vernünftig, gerecht, zielgerichtet, wahrheitsliebend, effizient etc. Nicht nur menschliche Eigenschaften stehen hinter den Verhaltensweisen, die zu Werten im weiteren Sinne führen. Die »Schnelligkeit« bzw. das Prinzip »Schnelligkeit« können wir auch am Verhalten der Tiere beobachten oder wenn wir sehen, wie schnell eine Lawine ins Tal donnert. Eine Eigenschaft allein kann auch zu einem Wert führen. Von vielen Dingen glauben wir, dass sie schön sind. Diese Dinge haben die entsprechende Eigenschaft. Allein durch das Anschauen der betreffenden Dinge gelangen wir zum Wert.

Werte sehen wir prinzipiell positiv. Wir vergleichen Werte mit Gütern. Hat ein Wirtschaftsgut einen hohen Wert, dann muss ich relativ viel dafür bezahlen. Das Wirtschaftsgut ist wertvoll. Werte sind für uns immaterielle Güter. Besitzt jemand große Schnelligkeit, dann weiß er seine Schnelligkeit zu schätzen, wenn langsamere Feinde hinter ihm her sind. Seine Schnelligkeit kann ihm das Leben retten. Ein Stratege kann durch seine Schnelligkeit sein Unternehmen vor großem Schaden bewahren.

Wir haben gelernt, die agonistischen Werte relativ zu sehen. Langsamkeit ist in bestimmten Bereichen und Situationen besser als Schnelligkeit. Wir haben gelernt, die Werte als Methoden bzw. als agonistische Figuren mit entsprechenden Unterfiguren zu sehen. Hinter der Methode »Offensive« stecken viele Unterfiguren. Der Angreifer bestimmt wo, wie und wann der Angriff stattfindet. Der Verteidiger weiß das nicht. Der Angreifer kann den Angriff genau planen und sich genau auf den Angriff vorbereiten. Der Verteidiger kann allerdings auch Gegenangriffe wagen. Natürlich bin ich auch bei den Werten im weiteren Sinne Relativist. Der Stratege entscheidet, welche Werte ganz allgemein und in der speziellen Strategie für ihn große Bedeutung haben. Der Stratege legt auch fest, welche Ausprägung ein Wert haben soll, also welchen Offensivgrad, Ethikgrad, Modernitätsgrad, Flexibilitätsgrad etc. er zulassen will.

Agonistische Werte sind agonistische Figuren. Umgekehrt können agonistische Figuren auch zu Werten werden. Die entsprechende agonistische Figur muss weit verbreitet, abstrakt und wichtig sein. Nehmen wir z. B. den Begriff »Brückenkopf« aus dem Militärbereich. »Brückenkopf« ist eine agonistische Figur. Es geht dabei um die Festsetzung am anderen Ufer. Wenn nun diese Denkfigur der (speziellen) »Festsetzung« für die Gesellschaft wichtig wird, dabei immer abstrakter wird und auch noch weite Verbreitung findet, dann haben wir einen neuen Wert im weiteren Sinne. Das Prinzip

»Festsetzung am anderen Ufer« ist dann vielen Agonistikern ein Begriff. Ein neues agonistisches Prinzip ist entstanden.

Wenn wir agonistische Werte im weiteren Sinne verwenden, kommen uns die Erfahrungen vieler Strategen zugute. Ein Stratege allein kann noch keinen neuen agonistischen Wert festlegen. Werte im weiteren Sinne sind abstrakt. Nur die Erfahrungen vieler Strategen führen zu dieser Abstraktionsebene. Agonistische Werte im weiteren Sinne sagen uns, worauf wir Wert legen sollen, damit wir nicht die gleichen Fehler machen wie die Strategen, welche die entsprechenden Werte noch nicht kannten: Offensive, Defensive, Schnelligkeit, Ausdauer, Beharrlichkeit, Sicherheit, Mut, Vorsicht, Härte, Flexibilität, Agilität, Klugheit, Einfachheit, Schlauheit, Tapferkeit, Begeisterung, Kraft etc.

4.5.2 Flexibilität

Am Beispiel »Flexibilität« möchte ich auf die Ausprägung (den Grad) eines Wertes im weiteren Sinne eingehen.

Es gibt Unternehmen, die sind sehr flexibel. Sie entwickeln neue Technologien, sie expandieren in neue Märkte oder sie ändern laufend die Organisation. Diese Flexibilität bedeutet aber noch keine Änderung der konkreten Strategie. Der strategische Kern schreibt solche Aktivitäten vor oder duldet sie zumindest. In vielen methodischen Bereichen ist man nicht flexibel.

Die Flexibilität der Strategie hat nichts mit der Flexibilität des Strategen zu tun. Ein flexibler Stratege ist eher bereit die Strategie zu ändern. Ein flexibler Stratege kann eventuell kurzfristig vom strategischen Kern abweichen und dann wieder zur gewohnten Strategie zurückkehren.

Die Flexibilität berührt zentrale Fragen der Strategie, z. B.: Soll ich mich intensiv auf meinen Hauptkonkurrenten konzentrieren, aber dadurch in Gefahr laufen viele Chancen und Gefahren zu übersehen? Durch diese Konzentration werden nur relativ wenige methodische und inhaltliche Strukturen in Anspruch genommen. Die Firma ist wenig flexibel und kann nicht methodisch und inhaltlich in die Breite gehen.

Der Stratege muss wissen, welche Vorgehensweise für ihn am besten ist.

4.5.3 Flexibilitätsgrad

Ein flexibles Unternehmen kann an seiner augenblicklichen (sehr flexiblen) Flexibilitätsstruktur starr festhalten. Dann hat die Firma zwar hohe Flexibilität, aber einen niederen Flexibilitätsgrad. Der Stratege hat sich bewusst oder unbewusst für einen solchen Flexibilitätsgrad entschieden. Andere flexible Flexibilitätsstrukturen bleiben dem Unternehmen verschlossen. Eine Firma mit einem geringen Flexibilitätsgrad kann also nicht zwischen verschiedenen Flexibilitätsstrukturen wählen.

Ein Unternehmen mit der starren Flexibilitätsstruktur eines ausschließlichen Telefonunternehmens kann bei Bedarf nicht ohne Strategieänderung zu einer anderen, flexibleren Flexibilitätsstruktur wechseln und damit in die Bereiche Internet, Fernsehen und Informationstechnologie eindringen. Jede Strategieänderung ist eine ernste Sache. Bei einem geringen Flexibilitätsgrad ist auch nicht möglich, dass eine Firma, die in mehreren Bereichen arbeitet, zu einer Struktur mit nur einem Bereich wechselt. Eine Firma, die von einer starren Flexibilitätsstruktur in verschiedene andere starre Flexibilitätsstrukturen wechseln darf, hat einen relativ hohen Flexibilitätsgrad.

Schon bei der einfachen Flexibilität haben die Unternehmen die Möglichkeit methodisch und inhaltlich in die Breite zu gehen und damit neue Strukturen zu etablieren. Die neuen Strukturen müssen aber voll bearbeitet werden. Das sind keine Reservestrukturen. Dringt eine flexible Firma in eine fremde Branche ein, dann wird von ihr die möglichst vollständige Beherrschung der Branche verlangt. Flexible Strukturen können sehr aufwändig sein. Der Stratege muss aber nicht unbedingt eine flexible Struktur schaffen um flexibel zu sein bzw. um bereits vorhandene oder neu auftauchende Chancen nützen zu können. Er kann sich auf den Flexibilitätsgrad verlassen.

Der Flexibilitätsgrad zeigt die strukturellen strategischen Optionen eines Strategen auf. Verwandelt sich die Firma später einmal z. B. von einer Spezialfirma zu einer Firma, die auf mehreren Hochzeiten tanzt, dann geht diese Verwandlung ohne Strategieänderung über die Bühne, da sie vom Flexibilitätsgrad der Strategie gedeckt ist. Bei der Bereitstellung von strukturellen Optionen gibt es verschiedene Intensitätsstufen. Hat der Stratege sich nur mehr oder weniger genau über die Optionen informiert, ist er nur wenig involviert. Vielleicht wird in die verschiedenen Optionen relativ viel investiert und die Organisation wird schon teilweise auf diese Optionen eingestellt. In diesem Fall ist man an den Optionen stärker interessiert. Von einer echten flexiblen Struktur ist man aber noch immer weit entfernt.

Bei einer Strategieänderung schlägt das Unternehmen eine andere Richtung ein. Eine Strategieänderung ist ein arationaler Vorgang. Die bisherige, bewährte Rationalität gilt nicht mehr. Die neue Rationalität muss sich erst bewähren. Mit Strategieänderungen sind also

Risiken verbunden. Strategieänderungen sind revolutionär. Strategieänderungen lassen sich natürlich nicht vermeiden. Arbeitet der Stratege mit Flexibilität und Flexibilitätsgrad, dann kann er den rationalen Bereich noch weiter ausdehnen.

Für den Strategen geht es darum seine Kräfte richtig einzusetzen. Ein Unternehmen kann auch leicht zu flexibel sein, z. B. in zu vielen Branchen tätig sein. Stünden der besten Branche mehr Kräfte zur Verfügung, dann könnte das Unternehmen viel mehr verdienen. Der Unternehmer muss aber auch vorsichtig sein. Es ist schwierig und kostspielig, Strukturen schnell von Grund auf erst dann zu schaffen, wenn man sie dringend braucht.

4.5.4 Optimum oder Maximum

Strategen, die das Prinzip »Optimum« lieben, sind Optimierer. Optimierer sind keine Maximierer. Optimierer verstehen viel von Langfristigkeit. Sie bleiben oft im Hintergrund. Sie schauen, dass Probleme erst gar nicht entstehen. Oft erreicht man mehr, wenn man einem Kampf aus dem Weg geht. Optimierer sammeln nicht durch ihre Tätigkeit so viele Feinde, dass sie schließlich von diesen zur Strecke gebracht werden. Optimierer brauchen viel Geduld und gute Nerven. Optimierer wollen einen hohen Berg besteigen. Erreichen sie nur einen Nebengipfel, steigen sie wieder ab und probieren eine neue Route zum höchsten Gipfel. Optimierer müssen es aushalten, dass sie in vielen nicht so wichtigen Bereichen nur mit halber Kraft agieren können, weil die Kräfte insgesamt nicht ausreichen. Optimierer jonglieren mit mehr wichtigen Bereichen als Maximierer. Der Optimierer ist ein Marathonläufer, der seine Kräfte sehr gut einteilen muss. Unwichtige Niederlagen lassen ihn kalt. Die Ziele auf den Weg zum Optimum versucht er unbedingt zu erreichen. Er muss genauso hart arbeiten wie ein Maximierer. Der Optimierer erreicht indirekt oft mehr als auf direktem Weg. Der Optimierer verhält sich manchmal abwartend um kräfteraubende Rückzieher zu vermeiden. Er macht nicht jeden Trend mit.

4.6 Das Verantwortungsprinzip

4.6.1 Gesamtverantwortung

Für jede strategische Einheit gibt es einen oder mehrere Gesamtverantwortliche. Die Gesamtverantwortung betrifft die Struktur der strategischen Einheit, die Handlungen der Strategen und der Mitarbeiter, die Strategieerstellung und die Durchführung der Strategie. Sind zwei oder mehr Strategen in die Gesamtverantwortung eingebunden, dann ist jeder dieser Strategen für das gesamte Projekt verantwortlich.

Aus der Sicht der Gesamtverantwortung ist es uninteressant, von wem die Strategie stammt und wie der Stratege die Strategie aufnimmt. Die Strategie wurde eventuell von anderen fast ganz oder teilweise erstellt und der Stratege akzeptiert eine Strategie nur widerwillig. Auch in diesem Fall macht er sie zu seiner Strategie, wenn er schließlich die Gesamtverantwortung übernimmt.

Ob eine Person die Gesamtverantwortung trägt oder ob es mehrere echte Strategen gibt: Strategische Arbeit ist immer Teamarbeit. Der Stratege arbeitet eng mit dem Vorstand zusammen. Wichtige Unterführer werden in die Gesamtverantwortung eingebunden. Der Stratege hat außerdem noch seine Stabsmitarbeiter, die ihn bei all seinen Aufgaben unterstützen. Die Einbindung in die Gesamtverantwortung ist nur eine interne Sache zwischen dem Strategen und den Mitarbeitern. Die Gesamtverantwortung des Strategen kann dadurch nicht entschärft werden.

4.6.2 Alleinverantwortung

Gibt es für eine Strategie nur einen einzigen Strategen, dann hat die strategische Einheit nach außen und innen einen Alleinverantwortlichen. Die meisten strategischen Einheiten werden von einem Strategen geführt. Sie setzen also auf Alleinverantwortung. Ganz selten gibt es strategische Einheiten mit zwei oder mehr echten Strategen. Die Strategie wird durch zwei oder mehr echte Strategen prinzipiell nicht besser. Natürlich kann ein Stratege, der Schwächen hat, einen anderen echten Strategen zu seiner Unterstützung heranziehen. Möglicherweise wird er von seinem Umfeld zu einer solchen Maßnahme gezwungen.

Es gibt meist andere Gründe für eine solche Vorgehensweise. Vielleicht soll Machtmissbrauch durch einen einzelnen Strategen verhindert werden. In der Übergangsphase nach der Verschmelzung zweier gleich starker Unternehmen kommt es eventuell zu einer Lösung mit zwei echten Strategen. Manchmal führen zwei oder mehr Geschwister gemeinsam ein Familienunternehmen.

4.6.3 Der strategische Rahmen

Die von der Strategie irgendwie betroffenen Personen und Gruppen wollen Einfluss auf die Strategie gewinnen. Auch die Gesellschaft will mitreden. Die Interessen, die es in einem Unternehmen gibt, müssen in die Strategie Eingang finden, aber ebenso die Interessen von Personen und Gruppen, die keinen direkten Einfluss auf das Unternehmen haben. Die verschiedenen Interessen gehören zu den Rahmenbedingungen des Strategen. Die Rahmenbedingungen zeigen die Grenzen der Macht des Strategen auf. Wenn der Stratege seine Rahmenbedingungen nicht akzeptieren kann, dann muss er seine Tätigkeit beenden oder erst gar nicht mit der Arbeit beginnen.

Nur der Stratege erstellt die Strategie. Die Rahmenbedingungen gehen in die Strategie ein. Es gibt neben und über dem Strategen keine strategische Instanz. Es gibt also keine »Unternehmenspolitik«. Ein Unternehmen ist kein System mit einem operativen, administrativen und politischen Subsystem. Über der Strategie steht keine Unternehmensphilosophie, keine Vision, kein Unternehmensgrundsatz, keine Betriebsverfassung, kein Ziel, kein Zweck und kein Leitbild. Die Strategie ist nicht irgendwie abgeleitet oder sekundär. Die Strategie ist primär. Die Strategie hat keine fremde Basis. Die Strategie ist die Basis. Natürlich gibt es in einem Unternehmen nicht nur den Strategen. Es gibt den Aufsichtsrat, den Vorstand, die Eigentümer, es gibt Gewerkschaften, mächtige funktionale Organisationseinheiten und einflussreiche Kunden. Aber es gibt keine »Unternehmenspolitik«. Nur der Stratege ist die Strategie.

4.6.4 Warum gibt es Strategen?

Eine Strategie kann nur von einer Einzelperson oder einer kleinen Gruppe erstellt und durchgeführt werden. Die strategische Einheit benötigt eine strategische Führungsspitze. Vielfach wird die strategische Einheit erst durch den Strategen geschaffen. Die strategische Einheit muss eine Richtung einschlagen. Sie kann nicht in mehrere Richtungen gleichzeitig gehen. Damit die strategische Führung eine Richtung findet, braucht sie die Freiheit, ihre Methoden und Inhalte auszuwählen und die Macht, ihr Konzept durchzuführen. Die strategische Führung trägt die Gesamtverantwortung für das betreffende Projekt.

Je mehr echte Strategen eine strategische Einheit hat, desto schwieriger wird es, sich auf eine Richtung zu einigen. In der Strategie soll es nicht um den Interessensausgleich zwischen den Strategen gehen, sondern darum die strategische Einheit möglichst erfolgreich zu machen. Die strategische Einheit hat enormes Interesse am Erfolg und will deshalb den besten Strategen, den sie finden kann. Natürlich ist es für die strategische Einheit riskant, vom Können, Wollen und Wissen einer einzelnen Person abhängig zu sein. Der Stratege wird schließlich mit viel Macht ausgestattet und er kann diese Macht auch irgendwie missbrauchen.

Der Stratege muss sich sehr anstrengen, sonst wird er keinen Erfolg haben. Die einzelnen strategischen Einheiten sind für die Gesellschaft mehr oder weniger wichtig. Für den Strategen geht es immer um sehr viel. Selbst der Misserfolg einer unbedeutenden strategischen Einheit kann für den betreffenden Strategen sehr unangenehme Konsequenzen haben. Hat ein Stratege keinen Erfolg, muss es ein anderer probieren.

Die Strategie ist prinzipiell eine ernste Angelegenheit. Selbst wenn in demokratischen Gesellschaften Konflikte meist friedlich ausgetragen werden, haben einzelne Parteien und Interessen sehr viel zu gewinnen oder zu verlieren. Geht es um ein agonistisches Spiel (z. B. Fußballspiel), ist der Ernst nur gespielt. Das macht gerade den Reiz des Spieles aus. Manchmal hat man allerdings den Eindruck, dass auch hier der Ernst echt ist und das Spielerische nur vorgetäuscht wird.

4.6.5 Prinzipielle Verantwortlichkeit

Nimmt der Stratege seine Verantwortung ernst, dann gebraucht er keine Ausreden. Jeder strategische Misserfolg lässt sich letztlich auf Fehler des Strategen zurückführen, selbst wenn dumme Zufälle oder Fehler von einzelnen Mitarbeitern zum Scheitern der Strategie führen. Es kann auch sein, dass der Stratege die Ausgangssituation falsch einschätzte und weniger Macht zur Verfügung hatte, als notwendig war. Es zählt nur der strategische Erfolg. Ist der Stratege nach einer gewissen Zeit nicht erfolgreich, dann ist er für den Misserfolg verantwortlich. Bei Misserfolg muss der Stratege damit rechnen abgelöst zu werden. Vielleicht tritt er auch freiwillig zurück. Eine klare Sache ist auch das Nichterreichen des vereinbarten Mindesterfolges durch den Strategen. Ein Stratege kann trotz großen Erfolges in Gefahr sein, von den zuständigen Instanzen abgelöst zu werden, wenn man ihn für einen schwachen Strategen hält, der nur Glück hatte.

4.6.6 Konkrete Verantwortung

Wie wird der Stratege tatsächlich zur Verantwortung gezogen? Es kommt häufig vor, dass ein Stratege sich selbst nicht als Verantwortungs- und Leistungsstrategen sieht, weil er von niemandem zur

Verantwortung gezogen werden kann. Ein solcher Stratege kann als Unternehmer so lange weitermachen, bis seine Firma in Konkurs geht oder bis er sich freiwillig zurückzieht. Sture und unfähige Politiker können immerhin noch durch Wahlen hinweggefegt werden. Es ist klar, dass die strategische Einheit darunter leidet, wenn das Prinzip »Verantwortung« nicht richtig zum Tragen kommt. Ein bestehendes Unternehmen ist wertvoll. Mitarbeiter finden hier Arbeit, verdienen Geld und wollen etwas dafür leisten. Die Kunden erhalten die gesuchten Produkte und Dienstleistungen. Andere Unternehmen stehen in Geschäftsverbindung mit diesem Unternehmen. Die Firma zahlt Steuern und Abgaben.

Ein Stratege wird meist milder beurteilt, als es der prinzipiellen strengen Verantwortlichkeit entspricht. Vielleicht wird er trotz seines Scheiterns von vielen Beurteilern für einen ausgezeichneten Strategen gehalten. Die Beurteiler schenken ihm ihr Vertrauen und er kann mit der selben oder einer veränderten Strategie weitermachen. Jeder Beurteiler hat seine eigene Meinung darüber, welche Beurteilungskriterien wichtig sind oder nicht. Manchmal kann man sich nicht einmal über die Beurteilung der konkreten Leistung eines Strategen hinsichtlich eines einzelnen Beurteilungskriteriums einigen.

Beurteilt werden alle Strategen, nicht nur solche, die auch zur Verantwortung gezogen werden können. Die Strategen werden von vielen Menschen beurteilt, von den unmittelbar Betroffenen und von anderen Beobachtern. Was versteht der Stratege unter Erfolg? Welche Erfolgsziele hat er erreicht? Wie hat er diese Ziele erreicht? Der Stratege muss damit leben, dass er ständig beurteilt wird. Von der Beurteilung durch viele Menschen hängt sein Image ab. Er muss seine Leistung auch noch richtig verkaufen. Besonders wichtig ist für den Strategen das Urteil der Leute, die ihn zur Verantwortung ziehen können.

4.6.7 Die Macht des Strategen

Ein Stratege ist mächtig. Er wird mit viel Macht ausgestattet, die er braucht um eine Richtung einzuschlagen. Der Stratege bestimmt, wohin die Reise gehen soll. Er ist gleichzeitig der Kapitän, der das Schiff in den Zielhafen steuern will. Die Mannschaft wird von ihm geführt. Für all das trägt er die Verantwortung. Wer die Macht hat, soll auch die Verantwortung für den Machteinsatz tragen. Der Stratege kann über drei Arten von Macht verfügen: die Strategiemacht, die Strukturmacht und die Führungsmacht. Die Gesellschaft braucht Strategen und die Strategen brauchen viel Macht bei ihrer Arbeit.

Der Stratege hat die Macht eine Strategie zu formulieren. Durch die Strategie wird die strategische Einheit geschaffen bzw. verändert. Übernimmt ein Stratege eine bestehende strategische Einheit, dann muss er die entsprechenden Rahmenbedingungen akzeptieren. Wenn in den Rahmenbedingungen nichts über die Möglichkeit zur Veränderung der Strategie bzw. der bestehenden Strukturen festgelegt ist, kann der Stratege die Strategie jederzeit abändern.

Durch die Strategie hat der Stratege die Macht etwas zu schaffen, das vorher noch nicht da war. Der Stratege hat zunächst nur eine Idee. Bald geht es aber an die Verwirklichung der Idee bzw. an die Durchführung der Strategie. Alle (abstrakten und konkreten) Strukturen, die entstehen, müssen der Strategie entsprechen. Der Stratege muss Strukturen, die der Strategie nicht oder nicht mehr entsprechen, verändern. Alle Strukturen sind vom Strategen abhängig: die Organisation, die Mitarbeiter, die Prozesse, die Funktionen, die Ressourcen, die Kompetenzen, die Machtstrukturen, die Produkte, die Märkte, die Technologien und andere Strukturen. Der Stratege hat große Macht über alle Strukturen. Bei Unternehmen, die vom Strategen gegründet wurden und die im Besitz des Strategen sind, kann man so viel Macht noch verstehen. Aber auch angestellte Manager als Strategen haben ähnliche Macht. Machtmissbrauch können sich die Strategen meist nicht oder nicht lange leisten.

Schließlich hat der Stratege die Macht zu führen. Der Stratege ist der Führer und die Unterführer und Mitarbeiter sind die Geführten. Der Stratege ist in allen drei Führungsbereichen tätig.

4.6.8 Die drei Führungsbereiche

Es gibt drei Führungsbereiche im Unternehmen: den strategischen Bereich, den Bereich der Durchführung auf allen Ebenen und den Bereich der Führung im engeren Sinne.

Durch die Strategie kommt der Wille des Strategen zum Ausdruck. Damit er seinen Willen durchsetzen kann, braucht der Stratege die Hilfe von Mitarbeitern. Die Strategie muss dafür sorgen, dass er maximale Unterstützung bekommt. Die Strategie gibt die Führungsstrukturen vor. Strategie ist damit Führung im weitesten Sinne. Jeder Stratege ist Führer in diesem Sinne, nicht nur die ausgesprochenen Führungsspezialisten, bei denen Führungsmethoden im strategischen Kern eine große Rolle spielen.

Die Strategie muss durchgeführt werden. Scheitert die Durchführung (Führung im weiteren Sinne), dann scheitert damit auch die Strategie. Bei der Durchführung geht es um Sacharbeit und Mitarbeiterführung auf allen Ebenen. Mitarbeiterführung ist Führung im engeren Sinne. Gute Manager verstehen viel von Führung im engeren Sinne.

Nicht jeder Führer im engeren Sinne ist auch als durchführender Manager erfolgreich. Ein guter Manager kann wiederum als Stratege scheitern. Ein guter Stratege weiß viel über Management und Führung im engeren Sinne. Der Stratege hat bei seinen eigenen taktischen Einheiten als Praktiker mit Führung im weiteren Sinne zu tun. Der Stratege steht als Führer im engeren Sinne in direktem Kontakt mit allen Obertaktikern, den Untertaktikern in seinen eigenen taktischen Einheiten und den Mitarbeitern der Stabsstelle »Strategie«. Fragen der Führung im engeren Sinne (Führungsstil, Motivation etc.) betreffen aber alle Mitarbeiter, nicht nur die, mit denen der Stratege direkt zu tun hat.

4.6.9 Führung im engeren Sinne in der Wissenschaft und in der Agonistik

Was die Wissenschaft zur Führung im engeren Sinne zu sagen hat, reicht für den Praktiker bei weitem nicht. Die Wissenschaft kommt an das Wesen der Führung nicht heran. Die Wissenschaft vereinfacht und abstrahiert zu sehr und geht auf viele Themen zu wenig ein. Die Wissenschaft kann nur ergänzend herangezogen werden.

So ist die Psychologie daran gescheitert, Zusammenhänge zwischen den Eigenschaften und dem Erfolg von Führern herzustellen. Dennoch sind Führerinnen und Führer Menschen mit Eigenschaften. Eigenschaften sind sehr wichtig. Die einen sind mit Intelligenz erfolgreich, andere wiederum setzen auf Willen, Charisma, Kreativität und andere Eigenschaften. Die Wissenschaft muss bei der Hypothesenbildung viel stärker differenzieren. Scheitern viele intelligente Führer, so heißt das nicht, dass Intelligenz unwichtig ist für den Führungserfolg des Führers im engeren Sinne. Man muss herausfinden, unter welchen Bedingungen Intelligenz wahrscheinlich zum Erfolg führt. Dabei muss man auch nach verschiedenen Arten von Führern differenzieren. Es hat keinen Sinn, alle Führer im engeren Sinne über einen Kamm zu scheren. Ein Unternehmensstratege einer großen und mächtigen Firma ist als Führer im engeren Sinne in einer anderen Situation als der Vorarbeiter einer Gruppe von Arbeitern. Für den Strategen wären wissenschaftliche Aussagen bzw. wissenschaftliche Begriffsansätze über bestimmte Intelligenzführer oder bestimmte Willensführer sehr nützlich.

Was macht aus der Sicht der Agonistik einen guten Führer im engeren Sinne aus? Ein guter Führer verfügt über eine gute Führungsmethode und über viel konkretes Führungswissen. Führungsmethode und konkretes Führungswissen kommen in Strategien oder Taktiken zum Einsatz. Ich glaube, dass ein guter Führer im engeren Sinne fünf methodische Aspekte überdurchschnittlich beherrschen muss: Er hat Führungsfähigkeiten, er muss authentisch sein, er hat viel abstraktes Führungswissen, sein Führungsstil ist ein Mischstil, er ist stark sachorientiert.

4.6.10 Die Führungsfähigkeiten eines guten Führers im engeren Sinne

Es gibt klassische oder nicht-klassische Führungsfähigkeiten, die Einfluss auf die Führungsmethode haben. Zu den nicht-klassischen Fähigkeiten gehören Fähigkeiten wie Anhänger für seine Ideen zu gewinnen, seinen Willen durchzusetzen, Macht zu erlangen, sich in Hierarchien zu behaupten, andere zu Höchstleistungen zu bringen, sich für Ziele einzusetzen, andere zu überzeugen, überall beliebt zu sein, von anderen sehr viel zu verlangen, seinen Mut gezielt einsetzen zu können etc. Klassische Führungsfähigkeiten sind z. B. rhetorische Fähigkeiten. Der Führer im engeren Sinne ist entweder Spezialist für einige Führungsfähigkeiten oder er hat viele Fähigkeiten im Repertoire. Entscheidend für die Beurteilung des Führers sind auch seine Schwachstellen. Er soll nicht zu viele und möglichst keine stark ausgeprägten Schwachstellen haben.

Warum sich die Führungsfähigkeiten herausgebildet haben, kann hier nicht weiter diskutiert werden. Oft stecken entsprechende Eigenschaften dahinter. Ist jemand machtgierig, dann ist das allerdings noch keine Fähigkeit. Diese Eigenschaft bedeutet keine Einübung in die Macht. Ist jemand intelligent, dann hat er die Fähigkeit, intelligent zu handeln.

Das Interesse des Führers an Führungsfragen ist wichtig. Nur so wird er Fähigkeiten einüben, an seiner Persönlichkeit und an seinem Führungsstil arbeiten und viel Führungs- und Sachwissen erwerben. Das Interesse ist einerseits auch die Folge einer Fähigkeit, z. B. wenn ein Führer charismatische oder rhetorische Fähigkeiten hat und sich deshalb für Einsatzmöglichkeiten für diese Fähigkeiten interessiert.

4.6.11 Ein guter Führer ist authentisch

Der Eindruck, den der Führer von sich als Führer vermitteln will, soll recht gut mit seiner Persönlichkeit übereinstimmen, sonst wirkt seine gesamte Führungsmethode nicht ehrlich. Ein sensibler Führer soll nicht den Alpharüden spielen. Er macht sich damit nur lächerlich. Der Führer kann allerdings an seiner Persönlichkeit arbeiten. Ein scheuer Mensch kann sich durchaus zu einem kontaktfreudigen Führer entwickeln. Ein Führer kann an seinen starken Seiten, als Person und als Führer, arbeiten und dort noch stärker werden oder er kann sich mehr auf seine Schwächen konzentrieren. Er kann auch Stärken und Schwächen gleichzeitig bearbeiten.

Jeder Führer soll jedenfalls seine starken Seiten kennen und sie zum Einsatz bringen. Jeder Führer soll versuchen, seine schwachen Seiten nicht zur Wirkung kommen zu lassen. Die negativen Seiten müssen möglichst gut entschärft bzw. kompensiert werden. Ist ein Führer überhart, so ist das negativ. Die Härte an sich ist aber nicht negativ.

4.6.12 Der Mischstil des guten Führers

Ein guter Führer pflegt einen Mischstil. Er delegiert so viel wie möglich. Auch weniger »reife« Mitarbeiter müssen lernen möglichst selbstständig zu arbeiten. Er delegiert, aber er gibt seinen Leuten auch direkte Anweisungen. Er ist meist freundlich und höflich, aber bei Bedarf beherrscht er auch das Gegenteil davon. Er kann freundlich und höflich sein und gleichzeitig hart und fordernd. Er kann prinzipiell freundliches Arbeitsklima und Leistungsorientierung miteinander verbinden.

Ein breites Sortiment von Eigenschaftsbegriffen steht dem Führer für seinen Mischstil zur Verfügung: autoritär, charismatisch, hart, streng, fordernd, konsequent, genau, flexibel, delegierend, kommunikativ, freundlich, fördernd, überzeugend, vorbildlich, verzeihend, mild etc. Ein Führer muss für Disziplin sorgen. Er muss fördern, motivieren und begeistern. Manchmal ist er reiner Bürokrat. Er muss unberechenbar sein können. Er muss in viele Rollen schlüpfen können: Kumpel, Vater, Freund, Lehrer, Trainer, Berater, Chef etc.

Der Stratege als Führer soll jede Gruppe im Unternehmen anders führen: seinen persönlichen Stab, die Führungsgruppe, das mittlere Management und die Basis. Der Führungsstil der Unterführer muss zum Führungsstil des Strategen passen.

4.6.13 Das Führungswissen des guten Führers

Ein guter Führer im engeren Sinne verfügt über viel Führungswissen. Er kennt die Wirkung von Führungshandlungen aller Art. Er kennt allerlei agonistische Figuren aus diesem Bereich. Der Führer kennt z. B. die Wirkung von Schweigen in typischen Situationen oder er versteht viel von Körpersprache.

Der Führer kennt alle Details seiner Führungshandlungen. Die diversen Führungshandlungen sollen ganz genau passen. Sie sollen nicht zu lange, zu kurz, zu laut, zu leise, zu ungenau sein, und sie sollen nicht zu spät, zu früh, zu schnell, zu langsam erfolgen, und sie sollen nicht am falschen Ort, zur falschen Zeit, im falschen Ton, im falschen Stil ausgeführt werden. Seine Intuition lässt den Führer immer wieder etwas Neues ausprobieren.

4.6.14 Das Sachwissen des guten Führers.

Führungsarbeit ist kein Selbstzweck. Durch die Führungsarbeit sollen letztlich Sachziele erreicht werden. Der Führer ist für die Sacharbeit verantwortlich. Der Führer und seine Mitarbeiter müssen gute Sacharbeit leisten. Dazu braucht der Führer gute Sachkenntnisse. Bei der Erstellung von Strategie und Taktik kommt die Sachkenntnis zunächst zum Tragen. Vor allem aber auch bei der Durchführung von Strategie und Taktik und bei der Erledigung der anfallenden laufenden Arbeit im Rahmen der Taktiken.

Der Führer benötigt viel allgemeines Sachwissen. Nur ein geringer Teil des Sachwissens kann kurzfristig für eine konkrete Strategie oder Taktik erworben werden. Soll der Stratege für seine Strategie z. B. unbedingt sehr gute Kenntnisse in einer bestimmten Fremdsprache besitzen, dann ist diese Strategie wohl gestorben, wenn er diese Sprache nicht bereits beherrscht. Ein Unternehmensstratege braucht breites und tiefes, praktisches und theoretisches Wissen auf vielen Spezialgebieten, die mit der Unternehmensstrategie zu tun haben: Management, Betriebswirtschaftslehre, Branchen, Marketing, globale Unternehmen etc. Ein Unternehmensstratege braucht aber auch viel allgemeines Sachwissen, z. B. Fremdsprachenkenntnisse oder Verständnis für Kultur (Politik, Gesellschaft, Wirtschaft, Geschichte etc.) und viel allgemeines Faktenwissen.

Neben dem allgemeinen Sachwissen braucht der Führer noch spezielles Sachwissen in Abhängigkeit von Strategie und Taktik. Vielleicht hat ein Führer zwar gute Branchenkenntnisse, aber diese reichen für den beabsichtigten Einsatz noch lange nicht aus. Vielleicht braucht er bestimmte technologische Kenntnisse. Falls der Führer das nötige Spezialwissen (abstraktes Wissen, Faktenwissen, inhaltliches Wissen) nicht hat, muss er auf interne oder externe Quellen zurückgreifen. Es ist oft schwierig zu beurteilen, ob man fremdem Sachwissen trauen soll oder nicht. Man kann hier nicht vorsichtig genug sein. Man soll aber unbedingt fremdes Wissen nützen.

4.7 Prinzip der strategischen Tiefe

4.7.1 Die Tiefenmethode

Die Metamethode ist die Methode hinter der »einfachen Methode«. Die Metamethode beleuchtet die verschiedenen Prinzipien, an denen sich die »einfache Methode« orientieren soll. Das Tiefenprinzip handelt von der Tiefe der Methode bzw. von den Tiefenbegriffen. Tiefenbegriffe im engeren Sinne sind sehr abstrakte Begriffe aus dem Kernbereich einer »Grundkraft«. Die vier Grundkräfte sind Geschichte, Gesellschaft, Mensch und Natur. Tiefenbegriffe im weiteren Sinne sind sehr abstrakte Begriffe aus dem Kernbereich oder aus dem Randbereich einer Grundkraft. Begriffe in Randlage kommen den Begriffen einer anderen Grundkraft (oder mehrerer anderer Grundkräfte) relativ nahe. Die Tiefenbegriffe geben der Strategie den nötigen Halt. Die Tiefenbegriffe sind sehr wichtig. Sie sind die starken Wurzeln der Strategie. Dem Strategen stehen sehr viele Tiefenbegriffe zur Verfügung. Tiefenbegriffe erlangen aus irgendeinem Grund große Bedeutung für den Strategen. So wird plötzlich der Begriff »Branche« für den Strategen wichtig, weil seine Branche von anderen Branchen bedroht wird. Vielleicht ist der Stratege auch ein ausgesprochener Spezialist für seine Branche. Dann wandert dieser Begriff vor allem deshalb in die Strategie, weil er ein »Branchenstratege« ist. Die vier Grundkräfte sind miteinander verbunden: Ohne Menschen gibt es keine Gesellschaft und ohne Gesellschaft keine Menschen. Im Menschen entfalten Natur, Gesellschaft und Geschichte ihre Wirkung. Der Mensch erzielt aber auch Eigenwirkung mit enormem Einfluss auf die anderen Kräfte. In der Zeit vor dem Menschen gab es nur die Natur.

Bei der Strategieerstellung bzw. bei der Strategieänderung hilft das metamethodische Tiefenwissen dem Strategen beim Suchen und Finden geeigneter Strategiemethoden. Ist die Strategie bereits erstellt, soll der Stratege versuchen herauszufinden, welche Tiefenbegriffe in die Strategie eingegangen sind und aus welchem Grund. Je mehr rationales Wissen der Stratege über die Strategie hat, desto besser hat er sie im Griff.

4.7.2 Die Tiefe des Strategen

Die Tiefenbegriffe der Grundkraft »Mensch« (aber auch Begriffe aus den anderen Grundkräften) sind auf den Strategen selbst anwendbar. Hat der Stratege einen besonders starken Willen, dann ist er vermutlich ein Willensstratege und seine Strategie wahrscheinlich eine Willensstrategie. Die »einfachen Methoden« werden in diesem Sinne vorstrukturiert. Jeder Tiefenbegriff aus einer der Grundkräfte, welcher die Person des Strategen besonders berührt, geht auch in die Tiefe des Strategen. Hat ein Stratege großes Wissen in einem methodischen Bereich (z. B. Organisation) und verwendet er diese Methode in seiner Strategie, ist er deshalb noch kein echter Tiefenstratege in diesem Bereich. Wissen allein reicht nicht. Der Stratege wird davon nicht tief genug berührt. Tiefenstratege ist er dann, wenn ihm eine Methode besonders liegt, z. B. auf Grund seiner Fähigkeiten oder weil er den entsprechenden Beruf erlernt hat.

Die Tiefe des Strategen hat Auswirkungen auf die »einfachen Methoden« der Strategie. Der Stratege nimmt sich selbst wichtig. Er lässt seine Stärken in die Strategie einfließen.

4.7.3 Die Tiefe der Vergangenheit des Strategen

Der Stratege arbeitet mit seiner Vergangenheit und nicht gegen sie. Ray Kroc verkaufte viele Jahre Produkte an Restaurants in ganz Amerika. Dabei hat er viel gesehen und gelernt. Kroc interessierte sich sehr für die Gastronomie. Seine Erfahrung half ihm erkennen, wie gut das Restaurantkonzept der McDonalds war. Wenn Kroc nicht seine Restaurantkette aufgebaut hätte, dann wäre seine Erfahrung nicht so wertvoll gewesen. Die Entwicklung des Strategen bis zum Zeitpunkt der Entstehung der Strategie bekommt durch die Entstehung einer Strategie eine neue Bedeutung. Kroc arbeitete also schon an seiner »Strategie« als er noch gar nicht wusste, dass er einmal eine solche Strategie haben wird.

Fast jeder Mensch verfügt über eine Karrierestrategie. Diese Strategie ist je nach Ausgangslage, Persönlichkeit und Möglichkeiten mehr oder weniger realistisch bzw. mehr oder weniger ambitioniert. Hat jemand große musikalische Begabung, dann wird die Karrierestrategie wahrscheinlich daraus etwas zu machen versuchen. Die Karrierestrategie legt fest, was erreicht werden soll und wie das geschehen soll. Wird jemand Unternehmensstratege, ist das oft der krönende Abschluss der bisherigen Karriere, wie sie von der Karrierestrategie vorgezeichnet wurde.

4.7.4 Fragen zur Tiefe des Strategen

Einige Fragen sollen helfen aufzuzeigen, worum es bei der Tiefe des Strategen geht. Hat die Strategie etwas mit dem Beruf des Strategen zu tun? Hatte schon sein Vater diesen Beruf? Ist der Stratege mit einer Methode schon lange vertraut? Liegt ihm die Methode? Auf welchem Gebiet hat der Stratege große Erfahrung? Wie wurde der Stratege erzogen? Welche wichtigen Zufälle, Situationen, Ereignisse, Erlebnisse, Chancen, Möglichkeiten und Katastrophen haben den Strategen stark beeinflusst? Hat er voll auf einen Trend gesetzt? Welche Ressourcen stehen ihm zur Verfügung? Worauf kann er sich verlassen? Wie ist sein bisheriges Leben verlaufen? Welche Rollen füllte der Stratege bisher aus? Worin sieht er den Sinn des Lebens? Welche Ziele hat er? Hat er eine Mission zu erfüllen? Wie schauen seine Visionen aus? Welchen Zwängen und Rahmenbedingungen unterliegt der Stratege? Wie schaut sein Spielraum aus? Wo liegen seine Stärken und Schwächen? Welche Erfahrungen hat der Stratege gemacht? Aus welchem Land kommt er? Welche Kultur hat ihn geprägt? Welcher Generation gehört er an? Wie denkt er? Welche Ideologien sind für ihn wichtig? Welches Persönlichkeitselement (Eigenschaft, Fähigkeit, Wert, Einstellung, Interesse, Motiv, Emotion, Kreativität, Wunsch, Unbewusstes, Wille, Selbst, Rolle etc.) ist bei ihm besonders ausgeprägt?

Solche Fragen sind auch nützlich, wenn es um die Tiefe der Strategie geht und weniger um die Tiefe des Strategen.

4.7.5 Die Agonistik der Tiefenbegriffe

Der Stratege muss wissen, was z. B. der Begriff »Wille« aus agonistischer Sicht bedeutet. Wenn der Stratege nicht auf die entsprechende agonistische Theorie zurückgreifen kann, muss er erst theoretische Überlegungen anstellen. Das wissenschaftliche Wissen kann der Stratege nicht direkt verwenden.

Der Stratege hat nur mit agonistischen Wirkungen zu tun, also mit Durchsetzungswirkungen. Wird z. B. in der Physik ein wissenschaftlich interessantes Phänomen entdeckt, so ist das für die Agonistik zunächst uninteressant. Erst wenn die Entdeckung zu neuen Anwendungen und Produkten führt, wird sie für Unternehmensstrategen wichtig. Die Begriffe aus den sozialen Bereichen, kommen sie aus Philosophie, Ethik, Wissenschaft oder anderen Wissenstypen, sind immer auch direkt agonistisch interessant. Rund um solche Begriffe (z. B. Macht) lassen sich unzählige agonistische Figuren finden. Diese Begriffe sind nicht das Eigentum eines Wissenstyps. Sie gehören allen Wissenstypen. So gehört der Begriff »Macht« nicht der Soziologie oder der Wissenschaft, sondern auch allen anderen Wissenstypen. Den Wissenstypen gehören allerdings die wissenstypenspezifischen Figuren, die sich aus den Begriffen bilden lassen.

In den wissenschaftlichen Figuren geht es um die wissenschaftliche Wirkung. Die Wissenschaft ist auf der Suche nach der »reinen« Wahrheit und den Tatsachen. Sie will gesichertes Wissen über die Macht gewinnen. Die relative Sicherheit hat aber ihren Preis. Wenn der Agonistiker mit der Methode »Wille« arbeitet, interessiert ihn bei weitem nicht alles, was die Wissenschaft darüber zu sagen hat. Vieles was ihn interessiert wird von der Wissenschaft nicht behandelt. Ein Agonistiker, der sich für Intelligenz interessiert, kann z. B. von den Begriffen »Machtintelligenz« oder »agonistische Intelligenz« ausgehen und mit entsprechenden agonistischen Figuren arbeiten. Die Wissenschaft hält diese Begriffe bestimmt für entbehrlich. Der Stratege steht aber unter Erfolgsdruck. Er muss kreativ und innovativ denken und handeln. Der wissenschaftliche Intelligenzforscher kann vielleicht mit der Tatsache leben, dass viele intelligente Menschen im Leben und im Beruf scheitern. Ein Stratege setzt eventuell darauf, dass Leute mit hoher agonistischer Intelligenz im Beruf kaum scheitern werden, wenn sie genügend Fleiß mitbringen.

Ist die Wissenschaft vorsichtig, dann ist die Philosophie neugierig. Sie will in alle Welten eines Begriffes eindringen. Sie will alle Denkmöglichkeiten ausschöpfen.

4.7.6 Beitrag zur Agonistik der verschiedenen Willensarten

Die Agonistik sieht den Willen als Kraft, die wir einsetzen können um ein Ziel zu erreichen. Ein starker Wille hilft uns alle möglichen Ziele zu erreichen. Es kommt aber auch darauf an, welche Art von Willen vorhanden ist bzw. benötigt wird. Dementsprechend gibt es dazu die Agonistik der verschiedenen Willensarten. Jede dieser Willensarten hat ihre eigene Agonistik.

Beim »Durchhaltewillen« ist der Weg das Ziel. Menschen mit Durchhaltewillen sind nicht immer Menschen mit starkem Willen. Selbst labile Menschen können manchmal starken Durchhaltewillen zeigen. Menschen mit starkem Willen wiederum beweisen bisweilen wenig Durchhaltewillen. Beim Durchhaltewillen geht es darum, einen eingeschlagenen Weg beizubehalten und nicht aufzugeben. Bei Menschen mit starkem Durchhaltewillen ist meist mindestens eine der folgenden Eigenschaften stark ausgeprägt: Hartnäckigkeit, Streitsucht, Gehorsam, Ehrgeiz, Leidensfähigkeit und die Bereitschaft sich für Werte einzusetzen. Es kann aber auch sein, dass der Durchhaltewillen seine Kraft aus bestimmten Motiven bezieht: Jemand will eine große Chance nützen. Jemand wird von sehr starken Emotionen (z. B. Hass) angetrieben.

Beim »Erfolgswillen (bzw. Zielerreichungswillen)« geht es nicht nur um das Durchhalten. Im Extremfall ist dem Strategen jedes Mittel Recht, das ihm hilft sein Ziel zu erreichen. Hier sind einige Eigenschaften, die im Zusammenhang mit dem Erfolgswillen stehen: Hartnäckigkeit, Zielstrebigkeit, Leistungsfähigkeit, Optimismus, Skrupellosigkeit, Härte gegen sich und andere, hohe Leistungsbereitschaft, Effizienz, Machtgier, Starrsinn, Freude am Kampf, Freude am Siegen, Freude an der eigenen Leistung. Immer wenn wir ein Ziel erreichen wollen, wenn wir vor einer Herausforderung stehen, wenn wir uns in einer Konkurrenzsituation befinden, wenn wir gegen einen Gegner kämpfen, wollen wir erfolgreich sein, manchmal auch mit allen Mitteln und um jeden Preis. Manchmal entscheidet nur der unbedingte Siegeswille über Sieg oder Niederlage. Hängt mangelnder Siegeswille nicht manchmal damit zusammen, dass wir uns unbewusst bestrafen möchten oder dass wir einfach unbewusst Angst vor dem Erfolg haben?

Oft wird gekämpft, weil sich ein Kampf nicht mehr vermeiden lässt oder weil eine Seite Freude am Kampf hat. Der Ausgang des Kampfes ist vielfach ungewiss. »Kampfeswille« ist nicht gleichbedeutend mit Siegeswillen. Strategen können versuchen Kämpfe zu vermeiden und dennoch zu siegen. Kampfeswillen braucht man auch um gegen etwas anzukämpfen (z. B. gegen seine Angst). Wenn man eine Niederlage erleidet, will man weiterkämpfen. Vielleicht klappt es beim nächsten Mal. Ist man jedoch nur auf Sieg eingestellt, kann man eine Niederlage nicht so schnell wegstecken.

4.7.7 Die Erfolgsdynamik des Willensstrategen

Ein (allgemeiner) Willensstratege ist ein Stratege mit starkem Willen. Er treibt die strategische Entwicklung vor allem mit seinem Willen voran. Wie könnte so ein Willensstratege aussehen? Er verlässt sich auf seinen Willen. Fehlt ihm etwas, dann hilft ihm sein Wille weiter: Fehlt es ihm an Talent, Erfahrung, Wissen und ähnlichen Dingen, dann holt er sich das Fehlende bei anderen Menschen. Kann er selbst nicht gut exekutieren, dann delegiert er viel.

Auch wenn er eventuell gerne faulenzt, entwickelt er trotzdem einen enormen Fleiß. Sein Wille hilft ihm alle Hindernisse zu überwinden. Er lernt ständig dazu. Er wird immer besser in wichtigen Bereichen. Er gibt niemals auf. Kann er ein Ziel auf einem bestimmten Weg nicht erreichen, nimmt er einen anderen Weg oder er sucht sich ein ähnliches Ziel, das ihm auch gut gefällt. Er bekommt ein Gespür für seine Stärken, die er dann ausspielt. Er lässt sich durch seine Schwächen nicht entmutigen. Er ist immer im Dienst. Privates und Berufliches trennt er nicht streng. Er bekommt ein immer besseres Gespür für seine Willensmethode. Er wird zu einem Führer, selbst wenn er kein Charisma hat. Er setzt seine psychischen, physischen und geistigen Kräfte gezielt ein.

Jeder Typ von Stratege, nicht nur der Willensstratege, versucht eine ähnliche Erfolgsdynamik in Gang zu setzen bzw. eine Misserfolgsdynamik zu stoppen.

4.7.8 Anmerkungen zur Agonistik des Unbewussten

Wenn wir vom Unbewussten sprechen, müssen wir erläutern, was wir darunter verstehen. Meiner Meinung nach gibt es Unbewusstes, das Wissen darstellt, und Unbewusstes, das nicht Wissen ist, sondern Information.

Wissen verlangt nach einem denkenden Ich. Wenn ich also die Existenz von unbewusstem Wissen annehme, dann brauche ich dazu auch ein Tiefen-Ich, das dieses Wissen denken kann, das also mit unbewusstem Wissen arbeitet. Zwischen bewusstem und unbewusstem Wissen herrscht strenge Grenzkontrolle.

Ein Teil des Wissens wird versteckt (das Wissen ist aber vorhanden) und wird dann immer wieder subtil ins Spiel gebracht. Das Ich soll keinen Schaden nehmen. Das Tiefen-Ich ist aber aus wesentlich härterem Holz geschnitzt. Es hat die Kontrolle über das Tiefenwissen und es entscheidet, ob und wie das Tiefenwissen weitergegeben wird. Das Tiefen-Ich sorgt nicht nur für die Abschottung von gefährlichem Wissen. Es spielt z. B. auch bei der Kreativität der Menschen eine große Rolle und es beschäftigt sich offenbar stark mit der Vergangenheit des jeweiligen Menschen.

Das Ich allein genügt dem Agonistiker nicht. Oft ist der Sieger nur einen Hauch besser als der Verlierer. Vielleicht war er etwas weniger »arrogant«: Ist der Erfolg ein köstliches Getränk, das wir mit Freude genießen, so ist in diesem Getränk auch immer etwas enthalten, das irgendwie unsere Urteilsfähigkeit beeinträchtigt. Diese Beeinträchtigung ist uns nicht bewusst. Hat das erfolgreiche Ich das unbequeme Tiefen-Ich etwas zum Schweigen gebracht oder glaubt das Tiefen-Ich wegen der Erfolge weniger wachsam und kritisch sein zu müssen? Durch diese Beeinträchtigung sehen wir die Welt nicht mehr ganz so wie sie ist. Die Beeinträchtigung hindert uns daran. Ein bescheidener, netter und freundlicher Stratege kann also durchaus »arrogant« in diesem Sinne sein. Es hat viel mit »Arroganz« zu tun, wenn am Höhepunkt des Erfolges (oder bereits vorher), mehr oder weniger deutliche Warnsignale über die Notwendigkeit einer Strategieänderung nicht beachtet werden.

Das Tiefen-Ich erhebt offenbar den Anspruch, das »wahre« Ich zu sein. Das ist dann sehr problematisch, wenn das Tiefen-Ich in wichtigen Fragen im Gegensatz zum Ich steht. Das Tiefen-Ich kann auch beschädigt sein und z. B. als Selbstbestrafung den betreffenden Menschen Dinge machen lassen, die ihm objektiv nachhaltig schaden. Vielleicht sieht das Tiefen-Ich oft rechtzeitig ein, dass es nicht zu weit gehen darf und bietet dem Ich über Träume Verhandlungen an.

Ein Agonistiker, der von einem solchen Unbewussten ausgeht, wird einige Überlegungen anstellen, wie er diese Methode anwenden kann: Wie kann man das Unbewusste positiv programmieren? Gibt es eine Möglichkeit, den scharfen Blick des Unbewussten zu nutzen? Wie kann man das Unbewusste anzapfen um neue Ideen zu gewinnen? Verbirgt das Unbewusste das wahre verschüttete Ich des Agonistikers?

4.7.9 Die Eigenschaften aus agonistischer Sicht

Unter Eigenschaften verstehe ich bestimmte, relativ konstante Persönlichkeitsstrukturen (z. B. Fähigkeiten) der Menschen, die mit Begriffen der Grundkraft »Mensch« dargestellt werden. Wenn wir von Persönlichkeit sprechen, betonen wir die Unterschiede zwischen den Menschen. Hier interessiert uns nicht die allgemeine Ausstattung der Menschen mit einem Willen. Hier interessiert uns, wie und warum die Menschen sich in Bezug auf den Willen unterscheiden. Der Wille dient als Mittel der Differenzierung. Die Persönlichkeit (einer Person) wird nicht nur durch Eigenschaften erfasst. Es gibt noch andere relativ konstante Persönlichkeitsstrukturen (z. B. Rollenstrukturen).

Mit der Methode »Eigenschaft« erfassen wir die Ähnlichkeit der Menschen bzw. die graduellen Unterschiede zwischen den Menschen hinsichtlich der betreffenden Eigenschaftskriterien. Die Methode »Eigenschaft« kann man aber nicht erfassen, dass jeder Mensch ganz eigene Gedanken, Erinnerungen, Erfahrungen, Gefühle, Motive, Wertvorstellungen, Selbstvorstellungen, Rollenvorstellungen etc. hat. Nicht nur die Strukturen und Vorstellungen machen eine Persönlichkeit aus, auch das Verhalten einer Person gehört zur Persönlichkeit: Rollenverhalten, kulturelles Verhalten, politisches Verhalten, sozioökonomisches Verhalten etc.

Die Methode »Eigenschaft« ist statisch. Dynamik, Prozess und Entwicklung bekommen wir dadurch nicht in den Griff. Es geht eben primär um tief sitzende Strukturen, das wahre Wesen und den grundlegenden »Charakter« einer Person.

Wie subtil und plastisch wird manchmal eine bestimmte Persönlichkeit durch einen Künstler vorgestellt. Eigenschaften und andere Persönlichkeitsfaktoren, das Typische und das Einzigartige, Statik und Dynamik, die Selbsteinschätzung und die Fremdeinschätzung, Angeborenes und Erworbenes, Geschichte und Gesetzmäßigkeit, Strukturen und Vorstellungen, Individuum und Gesellschaft – all das ist wunderbar aufeinander abgestimmt.

Bei Eigenschaften und anderen Persönlichkeitsfaktoren gibt es verschiedene Einschätzungen: die Selbsteinschätzung, die Einschätzung durch die Angehörigen bzw. durch die Familie, durch fremde Personen, durch Gruppenmitglieder, durch Freunde und Feinde, durch Zeitgenossen, durch Wissenschaftler, durch Experten aus anderen Wissenstypen etc.

Es gibt viele Eigenschaften. Auch wenn die betreffenden Begriffe einander oft sehr ähnlich sind, sind sie dennoch nicht ganz gleich. Jede Nuance kann agonistisch wichtig sein. Es ist unmöglich auf alle Eigenschaften einzugehen. Nur zur Eigenschaft »Mut« möchte ich einige Bemerkungen machen, weil ich diese Eigenschaft für besonders wichtig halte.

4.7.10 Der Mut-Stratege

Jeder gute Stratege hat meiner Meinung nach Mut. Deshalb ist er aber noch kein ausgesprochener Mut-Stratege. Jeder gute Stratege hat meiner Meinung überdies noch viele andere Eigenschaften, denn fehlt es ihm an einer wichtigen Eigenschaft, wird er auf Dauer wenig Erfolg haben.

Ein ausgesprochener Mut-Stratege kann eine entsprechende historische Dynamik auf der Basis des Mutes entfalten, wie ich sie für den Willen kurz skizziert habe. Die Methoden und Inhalte der Strategie werden durch den Mut vorgezeichnet und beeinflusst. Bei der Erstellung und Durchführung der Strategie kommt der Mut des Strategen zum Tragen. Damit ist nicht gemeint, dass der Stratege ein unkalkulierbares Risiko eingeht. Mut ist außerdem relativ zum Können. Wenn ich schwindelfrei bin und außerdem ein guter Kletterer, warum soll ich dann vor einer durchschnittlichen Felswand Angst haben?

Der Mut-Stratege kann mit dem Mut umgehen. Er weiß, dass der Mut auf einer sachlichen Grundlage stehen muss. Sein Mut erlaubt es dem Mut-Strategen, alles nach Einsatzmöglichkeiten für seinen Mut abzuklopfen. Vor dieser offensiven Vorgehensweise schrecken weniger mutige Strategen bewusst oder unbewusst zurück. Der mutige Stratege ist damit potenziell schneller als weniger Mutige.

Ein ausgesprochener Mut-Stratege hat Erfahrung mit der Methode »Mut«. Die Methode liegt ihm. Er hat vermutlich entsprechende Anlagen und Talente. Ein Mut-Stratege neigt dazu auch eine Mut-Strategie zu erstellen. Das muss aber nicht immer so sein. Manchmal stammt eine Mut-Strategie auch von einem Strategen, der kein ausgesprochener Mut-Stratege ist. Aus irgend einem Grund stützen sich dabei Strategen, die keine Mut-Strategen sind, in ihrer Strategie auf den Begriff »Mut.« Möglicherweise gelingen ihnen methodische Innovationen und sie finden neue agonistische Figuren.

Nicht jeder Mut-Stratege ist für jede Art von Mut-Strategie geeignet. Es gilt es zu schauen, welchen Mut wir genau meinen. Es gibt verschiedene Arten von Mut. So zieht ein Manager eventuell furchtlos in die Schlacht um Marktanteile, traut sich aber nicht, unsinnige Strukturen zu hinterfragen. Wir alle haben Bereiche, wo wir mutig oder feige sind. Es gibt Leute, die haben von Natur aus wenig Angst. Andere wiederum haben es gelernt ihre große Angst zu überwinden. Sie schieben ihre Mutgrenzen immer weiter hinaus. Sie können allerdings auch süchtig werden nach Gefahr bzw. Angstüberwindung.

Für Agonistiker interessant ist nicht nur der klassische Mut zum Risiko. Interessant ist auch der Mut Verantwortung bzw. die Führung zu übernehmen, der Mut ganz allein etwas zu machen und einen Sonderweg einzuschlagen, der Mut zur Utopie, der Mut zur Veränderung, der Mut eine einsame Entscheidung zu treffen und diese Entscheidung konsequent durchzutragen, der Mut starke Widerstände zu überwinden, der Mut sich unpopulär zu machen, der Mut Vertrauen zu einer Person zu haben, der Mut an ein Konzept zu glauben, der Mut zur Einseitigkeit, der Mut eigene Fehler zu sehen und zuzugeben, der Mut zur Bescheidenheit, der Mut zur Transparenz etc.

4.7.11 Jack Welch als Wert-Stratege

Wenn wir für eine Struktur statt »Eigenschaft« auch den Begriff »Tugend« verwenden können, dann haben wir gleichzeitig auch eine Wert-Struktur vor uns. Der Stratege darf bei den Tugenden nicht übertreiben, denn zu viel Mut (Härte, Ausdauer, Geduld, Vorsicht, Rücksicht, Bescheidenheit, Nüchternheit etc.) kann genauso schädlich sein wie der Mangel an solchen Tugenden. Aus diesem Blickwinkel haben die Menschen Recht, die Strategie primär als ethische Veranstaltung sehen: Hinter strategischen Fehlern steht immer die Missachtung einer solchen Tugend.

Jeder Stratege hat seine Werte, die ihn tief berühren, aber nicht jeder Stratege ist ein ausgesprochener Wert-Stratege. Jack Welch ist aber ohne Zweifel ein solcher. Welch ist stark beeinflusst von seiner Mutter und verdankt ihr sehr viel von seiner »Philosophie«, die entscheidend mitgeholfen hat, dass er es bis an die Spitze von General Electric schaffte. Zu seiner Philosophie gehören z. B. die Begriffe »Simplicity« und »Candor«.

Welch sieht diese Begriffe primär agonistisch und nicht ethisch im engeren Sinne: »Simplicity« und »Candor« sollen helfen General Electric zu einer Geldmaschine zu machen. »Candor« in einem umfassenden Sinne ist sicher nicht erwünscht.

4.7.12 Die Agonistik der Ideen

Der Begriff »Idee« ist durchaus ein Tiefenbegriff. Dieser Begriff steht nicht im Zentrum der Grundkraft »Mensch«. Ideen haben nämlich sehr viel mit Gesellschaft und Geschichte zu tun. Dieser Begriff ist also ein Tiefenbegriff im weiteren Sinne.

Der Begriff »Idee« führt uns von der Oberfläche des Menschen, vom Denken und dem entsprechenden Wissen, auch in die Tiefe seines Seelenlebens bzw. in die Tiefe seiner Persönlichkeit, wo die Kreativität besonders zu Hause ist.

Wie kann man den Begriff »Idee« aus der Sicht der Agonistik erfassen? Zumindest vier agonistische Unterfiguren zeichnen sich ab: der Ursprung der strategischen Idee, die agonistische Wirkung der strategischen Idee, die Richtung der strategischen Idee und die Bindung durch die strategische Idee bzw. die Bindung an die strategische Idee.

Hinter jeder strategischen Idee steht (mindestens) eine andere Idee (bzw. eine ganze Kette verschiedener Ideen) aus einem der sieben Wissenstypen. Jedes wichtige methodische oder konkrete Element (z. B. die gesamte konkrete Strategie, der strategische Kern, die Obermethode, eine Untermethode, ein Unterinhalt etc.) einer Strategie ist eine eigenständige strategische Idee. Irgendeine Entdeckung, Erfindung, Erkenntnis, Hypothese etc., also irgendeine Innovation aus einem der sieben Wissenstypen, führt zu einer strategischen Idee. Eine strategische Innovation kann allerdings auch eine andere Grundlage haben (z. B. eine Machtgrundlage). Basisinnovation und strategische Innovation müssen nicht von der selben Person stammen. Ray Kroc hatte großes Vertrauen in die Basisinnovation, auf die er zurückgreifen konnte, und so konzentrierte er sich ganz auf die strategische Umsetzung mit entsprechenden strategischen Innovationen. Er konnte sich gegen zahlreiche Konkurrenten auf diesem Markt durchsetzen. Eine Basisinnovation kann auch ein völlig fertiges Produkt sein. Das Produkt drängt sich dann in den

Vordergrund. Bei der strategischen Innovation geht es dann nur mehr um die richtige Vermarktung dieses Produktes. Das Produkt ist die »Geschäftsidee«, welche die Strategie dominiert. Der Schwerpunkt einer »Geschäftsidee« kann allerdings auch in der Strategie liegen. So gibt es viele Möglichkeiten, wie die Praxis zeigt, als Erlebnisgastronom erfolgreich zu sein. Die Strategie verdankt ihre Wirkung primär der Basisinnovation (bzw. den Basisinnovationen) allein, oder primär der strategischen Innovation allein, oder beiden Innovationen. Es gibt mehr oder weniger gute Einzelideen oder die Idee (Basisinnovation oder strategische Innovation) stammt von einem produktiven Menschen, der immer wieder neue Ideen hervorbringt. Es gibt geniale Menschen (z. B. Künstler), die sogar viele Werke von höchster Qualität geschaffen haben. Jedes Werk stellt eine eigene Idee dar. Auf die Frage, warum und wie die Kreativen zur ihren Ideen kommen, können wir hier nicht weiter eingehen. Ideen können blitzschnell auftauchen und eventuell für Verwirrung sorgen, oder sie können auch langsam reifen. Wichtig ist, dass der Kreative seine Ideen sehr ernst nimmt und ausdrücklich willkommen heißt. Er muss seine Ideen lieben. Er muss versuchen sie anzuwenden oder durchzusetzen. Seine Ideen dürfen ihm nicht lästig oder peinlich sein.

Wenn es einer Firma gelingt ständig neue Produkte am Markt erfolgreich zu platzieren, dann geschieht das im Rahmen einer Strategie. Das Management der Produktideen dieser Firma ist von der Strategie vorstrukturiert. Die Strategie muss darlegen, wie sie sich die laufende Erzeugung möglichst guter Produktideen durch die Mitarbeiter vorstellt. Angst und Druck können die Erzeugung neuer Ideen fördern oder hemmen. Die Kreativität ist und bleibt sehr geheimnisvoll.

Die agonistische Wirkung der strategischen Idee beruht vor allem auf der Qualität der Basisidee und/oder der Qualität der strategischen Idee. Die Qualität einer Idee ist eine relative Sache. Sie hängt auch davon ab, wie neu sie ist. Gibt es schon eine ähnliche Idee? Außerdem kommt es häufig vor, dass eine Idee zunächst unterschätzt oder überschätzt wird. Ein bedeutender Denker wird von Zeit zu Zeit immer wieder neu bewertet.

Die Qualität der Basisidee hat mit dem Eindringen in die Tiefe von Werten zu tun. Wenn man z. B. erkannt hat, dass der »Zeitgeist« sich in eine bestimmte Richtung zu verändern beginnt, kann man mit einer geeigneten Strategie Nutzen daraus ziehen. Man hat etwas für sich entdeckt. Man ist tiefer in die Wahrheit eingestiegen als andere, die das noch nicht erkannt haben. Vielleicht vertieft sich der Innovator auch in ästhetische oder ethische Fragen, oder in Nutzenfragen, Geschmacksfragen und Fragen von Vorschriften (Normen, Standards und Regeln).

Es kommt häufig vor, dass die Basisidee nur durchschnittlich ist (vielleicht weil sie nicht mehr neu genug ist), die Durchsetzungsidee aber hervorragend ist. Selbst wenn die Basisidee hervorragende Qualität hat, heißt es nicht, dass sie höher einzuschätzen ist als die Umsetzungsidee. Trotz hoher Qualität benötigt die Basisidee oft auch noch eine ausgezeichnete strategische Idee um entsprechende agonistische Wirkung erzielen zu können. So hatte Sam Walton ein Gespür für bestimmte gesellschaftliche Entwicklungen in seiner Heimat wie kaum ein Zweiter. Dieses Wissen hat er genial verwertet. Es kommt natürlich vor, dass die Basisidee höher einzuschätzen ist als die Umsetzungsidee. Es zählt mehr, eine wichtige Erfindung zu machen und ein Patent zu erlangen, als dieses Patent strategisch zu verwerten.

Die Qualität der strategischen Idee beruht auf der Qualität des entsprechenden strategischen Elementes (Vollstrategie, Obermethode, strategischer Kern, abstrakte agonistische Figur vor Strategieerstellung, Inhalt etc.). Die Qualität eines strategischen Elementes hängt größtenteils vom Können und Wissen des Strategen ab, einschließlich seines metamethodischen Könnens und Wissens. Eine Strategie mit hoher Qualität bei Basis- und Umsetzungsideen kann noch durch schlechte Umsetzung und durch Zufälle scheitern.

Ausgehend von der Idee (Basisidee) als reine Theorie geht es über strategische Idee, Strategie und Durchführung der Strategie in Richtung Verwirklichung, Anwendung und Durchsetzung dieser Idee in der Praxis. Durch die Herausbildung von Methoden wie Ziel, Zweck, Vision und Mission erfährt die strategische Idee, deren Schwerpunkt entweder mehr bei der zugrunde liegenden Basisinnovation oder mehr bei der strategischen Innovation liegt, eine Verlängerung in die Zukunft. Die Zukunft wird in die Gegenwart geholt. Mittels der strategischen Idee führt der Stratege letztlich seine strategische Einheit in die Zukunft. Führer führen vor allem mit Ideen, mit visionären Ideen, mit Ideen, die »be-geistern«. Der Führer leitet alles von der Grundidee ab: den strategischen Kern, die konkrete Strategie, die Visionen, die konkrete Durchführung der Strategie und die konkrete Organisation, die sich dabei herausbildet. Die Visionen sind von der Strategie (Grundidee, konkrete Strategie) vorgegeben und nicht umgekehrt.

Schließlich geht es bei der strategischen Idee um Fragen der Bindung an die Idee bzw. der Bindung durch die Idee. Wir glauben fest an eine bestimmte Idee bzw. an die visionäre Ausprägung dieser Idee. Wir halten an ihr fest. Wir lieben sie. Wir sind von dieser Idee überzeugt. Wir riskieren viel für diese Idee. Wir halten sie für wichtig, richtig und wertvoll. Wir möchten die Idee verwirklichen. Wir setzen uns voll für die Idee ein. Der Glaube versetzt Berge. Die Idee gibt uns Kraft. Die Idee spornt uns an. Wir sind voll motiviert. Die vollständige Verwirklichung der Idee, vor allem die Realisierung der visionären Ausprägung der Idee, ist meist in weite Ferne gerückt. Es gilt, die Zwischenziele auf dem Weg dahin zu erreichen. Wir sind auf dem Weg dahin nicht allein. Es gibt noch andere Anhänger. Wir agieren in einer Organisation bzw. in einer Gruppe von Gleichgesinnten unter einer Führung, die zutiefst von dieser Idee bzw. von dieser Ideologie überzeugt ist und sie auch dementsprechend nach außen und innen vertritt.

4.8. Prinzip Wissenstyp

4.8.1 Die metamethodische Bedeutung der Wissenstypen

Methodische Fragen, welche die Wissenstypen betreffen, sind für die »einfachen Methoden« prinzipiell von großer Bedeutung. Der Stratege ist immer wieder mit dieser metamethodischen Problematik konfrontiert. Er kann die verschiedenen Wissenstypen nicht einfach ignorieren. Er soll einzelne Wissenstypen aber auch nicht überschätzen und zu viel von ihnen erwarten. Der Stratege muss darauf achten, dass seine agonistische Freiheit durch die anderen Wissenstypen nicht eingeschränkt wird.

Es ist unmöglich, im Rahmen dieser Arbeit auf alle Wissenstypen einzugehen. Ich beschränke mich auf die Wissenschaft, weil sie für die Unternehmensstrategie sehr wichtig ist.

4.8.2 Unterschiede zwischen Agonistik und Sozialwissenschaft

In der Wissenschaft geht es um das Ansammeln von allgemeinem theoretischem Wissen und in der Agonistik primär um den Einsatz von konkretem und allgemeinem Wissen in der strategischen Praxis. Die Wissenschaft ist abstrakt. Sie interessiert sich für das Allgemeine. Der Stratege muss eine konkrete Strategie erstellen. Die Erkenntniskreativität der Wissenschaftler geht in Richtung Erkenntnisfortschritt und die der Agonistiker hat den praktischen Durchsetzungsnutzen im Visier. Als Sam Walton seine Discountladenkette gründete, war ihm nur wichtig, wie er möglichst viel aus dieser Methode herausholen konnte. Er war kein Wissenschaftler, der diesen Bereich möglichst umfassend wissenschaftlich erklären wollte oder die wesentlichen »Entscheidungstatbestände« aus der Sicht der Betriebswirtschaftslehre möglichst rational darstellen wollte.

In der Wissenschaft wird Objektivität groß geschrieben. Die Agonistik ist viel subjektiver eingestellt. Der Wissenschaftler soll sich primär für die Wahrheit interessieren und Interessen bzw. Werturteile ausklammern, so gut es geht. Der Agonistiker stellt seine Interessen in den Mittelpunkt seiner Arbeit. Er ist durch und durch normativ ausgerichtet.

Meiner Meinung nach ist die Sozialwissenschaft auch eine normative Veranstaltung. Die wissenschaftlichen Begriffe und Begriffsgebäude sind nur Annäherungen an die Realität. Der Wissenschaftler hat hier mehr oder weniger großen Spielraum. Auch trägt der Wissenschaftler die Verantwortung für die Verwendung seiner Begriffe. Wir alle sind für jegliches Wissen verantwortlich, das wir auf die Gesellschaft loslassen. In diesem Sinne sind alle sechs anderen Wissenstypen nur Sonderformen der Ethik im weiteren Sinne.

Der Wissenschaftler trägt keine direkte Verantwortung für seine Arbeit. Er ist kein Anwender. Der Stratege trägt die volle Verantwortung für sein Projekt.

Ein Wissenschaftler ist nur auf seinem Spezialgebiet an vorderster Front tätig. Nur hier hat er die Spezialkenntnisse, die andere nicht haben. Nun muss er schauen, dass er diese Kenntnisse möglichst oft anwenden kann. Der Agonistiker ist kein Spezialist. Er ist Generalist. Er muss alle Probleme seiner Situation lösen. Er kann sich also nicht auf eine einzige Disziplin bzw. auf ein Spezialgebiet beschränken. Falls der Stratege nicht selbst genug Wissen für all seine Aufgaben hat, muss er sich das nötige Wissen irgendwie beschaffen. Prinzipiell wird vom Strategen sehr viel Breite verlangt. Das gilt für alle Strategen und nicht nur für Unternehmensstrategen. Man kann seitenlang aufzählen, womit ein Regierungschef sich mehr oder weniger genau befassen muss.

Der Stratege sieht alles aus dem Blickwinkel seiner (entstehenden) konkreten Strategie. Er sieht nur diese Zusammenhänge, die vom Scheinwerfer der Strategie ausgeleuchtet werden. Den Strategen beschäftigen also nur relativ wenige Zusammenhänge. Vor allem das agonistische Potenzial dieser Zusammenhänge erregt sein Interesse. Der Stratege stellt sich selbst Fragen, die strategisch möglichst interessant sein sollen. Dann versucht er möglichst viel Wissen zu erwerben, damit er seine Fragen ausreichend beantworten kann.

4.8.3 Anwendung der Sozialwissenschaft

Wissenschaft im weiteren Sinne hat immer mit der Erzeugung von Wissen zu tun. Wissen wird von allen Wissenstypen erzeugt. Die Anwendung des Wissens erfolgt aber nur in der Ethik oder in der

Agonistik. Bei der Anwendung geht es primär um ethische oder agonistische Zwecke. Wenn ein Künstler sein großes künstlerisches Wissen einsetzt um ein Kunstwerk zu schaffen, so ist das nicht Anwendung. Das ist ein Erzeugungsprozess aus dem Wissenstyp »Kunst«. Ein solcher Prozess liegt auch dann vor, wenn der Künstler wissenschaftliches Wissen (z. B. psychologisches Wissen) in sein Werk einfließen lässt. Es handelt dabei um keine echte Anwendung von Wissen. Das wissenschaftliche Wissen wird nur zu künstlerischem Wissen. Dadurch wird neues künstlerisches Wissen erzeugt. Reine Interpretation des künstlerischen Wissens ist Wissenserzeugung und gehört zum Wissenstyp »Kunst«. Kunstgenuss geht meist über die Interpretation hinaus und ist deshalb eher eine ethische Angelegenheit.

Die Mathematik wird in vielen Wissenschaften verwendet, z. B. in der Technologie. Das ist natürlich keine echte Anwendung. Es geht auch hier nur um Wissenserzeugung. Ein Computer (also ein technisches Gerät) ist nicht Anwendung von Wissenschaft, wie man vielleicht auf den ersten Blick glauben könnte. Ein Computer ist ein Industrieprodukt. Industrieprodukte beruhen auf Strategie. Das entsprechende wissenschaftliche Wissen (Mathematik, Technologie etc.) wurde dabei zu agonistischem Wissen. Wenn es um das Design eines Produktes geht, fließt auch künstlerisches Wissen in die Strategie ein.

Die Sozialwissenschaft ist für den Strategen besonders wichtig. Der Stratege hat nicht nur ganz unmittelbar mit technologischen Fragen zu tun, sondern auch mit technologischen Fragen aus der Sicht der Sozialwissenschaft. Als gelernter Betriebswirt wird er technologische Fragen meist aus der Sicht seiner Wissenschaft sehen. Ein Marketingexperte hat andere Ansichten über die Technologie hinter einem technischen Produkt als ein Ingenieur.

Natürlich gibt es auch keine echte Anwendung der Sozialwissenschaft. Ein Sozialwissenschaftler, der praktisch tätig wird, überschreitet die Grenzen der Wissenschaft und wird zum Agonistiker oder zum Ethiker. Er verfolgt dabei immer einen ethischen oder agonistischen Zweck. Wendet ein Psychotherapeut die Psychoanalyse bei der Therapie eines bestimmten Patienten an, so geht es dabei nicht um theoretische Arbeit bzw. um wissenschaftliche Wissenserzeugung (Testen von Hypothesen, Experimente etc.), sondern um die Heilung eines konkreten Patienten. Die Anwendung der Psychoanalyse erfolgt im Rahmen von Strategie und Taktik. Bei jedem Patienten wird anders vorgegangen. Die Anwendung ist eine Abfolge von Unwiederholbarem. Die Anwendung ist konkret, historisch und normativ. Der Psychotherapeut entscheidet sich in diesem Falle für die Anwendung der Psychoanalyse. Wenn er Monist ist, hat er gar keine andere Wahl. Er hat dann nur diese allgemeine, weit verbreitete Methode zur Verfügung. Dann steht diese Methode im Mittelpunkt seiner konkreten Strategie zur Heilung des betreffenden Patienten. Unser Psychotherapeut muss nicht so vorgehen. Er kann methodisch offen sein und auch andere Schulen des Unbewussten in seine Therapie einbeziehen. Er muss also nicht einer bestimmten Therapieschule angehören.

Selbst strenge Monisten werden immer auch eigene Anwendungsmethoden zum Einsatz bringen. Jeder Therapeut hat seinen eigenen »Stil«. Jeder Therapeut (sogar aus der selben strengen Therapieschule) sieht die komplexe Ausgangssituation und die Persönlichkeit eines bestimmten Patienten anders. Jeder Therapeut wird daher eine andere Heilungsstrategie wählen.

4.8.4 Analytische oder synthetische Sozialwissenschaft

Alle Arten von Agonistikern sollen möglichst viel von den sie berührenden Sozialwissenschaften verstehen. Ein Wirtschaftspolitiker soll die Ansichten der Volkswirtschaftslehre zu den wichtigen agonistischen Fragen seines Bereiches kennen. Agonistik bedeutet nicht Ignorieren der Sozialwissenschaft. Der Agonistiker muss meiner Meinung nach aber auf genügend Abstand zur Sozialwissenschaft achten.

Es gibt agonistische Bereiche, die sind ganz eng mit der betreffenden Sozialwissenschaft verknüpft. Die Psychotherapeuten fühlen sich der Psychologie bzw. den verschiedenen Therapieschulen verpflichtet. Das ist nicht so selbstverständlich, wie es zunächst aussieht. Vielleicht sind die psychischen Probleme eines Patienten eher nur Symptome für tiefer liegende Probleme. Dann wären aber andere Wissenschaften bzw. andere Wissenstypen primär für die Herausarbeitung der tiefer liegenden Problemlage zuständig. Auch sind Psychologen nicht immer die richtigen Fachleute um die Patienten aus ihrem komplexen Problemsumpf herauszuziehen. In vielen Fällen können Soziologen, Pädagogen und andere Arten von Fachleuten mehr erreichen. Natürlich könnte ein Psychologe auch Ansätze aus diesen Bereichen zur Anwendung bringen.

Wenn man die sozialen Phänomene aus der Sicht der verschiedenen Sozialwissenschaften untersucht, geht man analytisch vor. In den einzelnen Sozialwissenschaften werden die einzelnen Begriffe fast nur mit den anerkannten Begriffen dieser Disziplin (Orthodoxie) in Beziehung gesetzt. Man setzt auf Abgrenzung. Jede Sozialwissenschaft definiert z. B. den Begriff »Organisation« auf ihre Weise. Durch die interdisziplinäre Vorgehensweise wird das betreffende Prinzip keineswegs durchbrochen. Der analytische Ansatz in der Sozialwissenschaft ist für den Strategen jedoch nicht ausreichend. Die Wissenschaftler lieben die analytische Vorgehensweise. Der Stratege muss auf jeden Fall auch synthetische Sozialwissenschaft betreiben, so gut er kann.

Die theoretische bzw. begriffliche Erfassung der sozialen Welt ist Sache der Ethik bzw. aller anderen Wissenstypen. Die »Spezialität« der Wissenschaft ist es, uns zu sagen, ob eine theoretische Ansicht auch wahr ist. Alles, was sich nicht der Wahrheitslogik (den Wahrheitslogiken) fügt, wird ausgeklammert. Leider wird dabei auch oft Wichtiges ausgeklammert.

Der Stratege muss synthetische Sozialwissenschaft bzw. synthetische Sozialtheorie betreiben, weil er dieses Wissen braucht, und sei es nur ganz rudimentär einsetzbar. Vor allem soll er auf die entsprechende Denkweise nicht verzichten. Meiner Meinung nach greifen die großen Strategen auf solche synthetischen Sozialtheorien zurück. Strategen wie Jack Welch wissen eine Menge über Führung und ähnliche Themen. Sie stützten sich dabei auf wichtige Begriffe und auf die vielen Unterbegriffe dieser Begriffe. Sie können ihre synthetische Sozialtheorie agonistisch nutzen, wenn die Begriffe in einen strategischen Sog geraten und das agonistische Potenzial dieser Begriff wichtig wird. Die Begriffe der Sozialtheorie werden zu Begriffen der »einfachen Methode« in der Strategie.

Um »Sozialwissenschaft (bzw. Sozialtheorie) der Führung« betreiben zu können, muss man möglichst viel von der Sozialwissenschaft (Sozialtheorie) anderer Bereiche verstehen, z. B. von der »Sozialwissenschaft (Sozialtheorie) der Macht«. All diese speziellen synthetischen Sozialwissenschaften ergeben dann die Sozialwissenschaft. Der zuständige Spezialist für den Bereich »Macht« ist nicht Psychologe oder Soziologe, sondern sozialwissenschaftlicher Machttheoretiker. Dieser Spezialist verwendet ohne Berührungsängste alle anderen sozialwissenschaftlichen Begriffe, die er braucht. Als Machttheoretiker muss er »genügend« von der »Sozialwissenschaft der Macht« verstehen. Wenn der Begriff »Macht« nur am Rande mit seinem Begriffsgebäude zu tun hat, muss er weniger über dieses Thema wissen.

Auch die »Sozialwissenschaft der Macht« kann nur begriffsarchitektonisch aufgebaut sein. Ein abstraktes Begriffsgebäude zeigt uns das Wesen der »Sozialwissenschaft der Macht«. Dabei wird die Macht ganz erfasst oder es interessiert nur ein bestimmter Aspekt der Macht, und zwar aus der einseitigen und vereinfachenden Sicht des Schöpfers eines solchen Begriffsgebäudes.

Die »Sozialwissenschaft der Macht« muss etwas anderes bieten als die Soziologie der Macht. Die Unterbegriffe berühren alle sozialen Logiken (Logik der Knappheit, Logik der Regierung, Logik der Wissens- und Wertevermittlung an den Nachwuchs etc.) und nicht nur die Logik des »rein Sozialen« der Soziologie. Das jeweilige Begriffsgebäude begreift Macht als komplexes soziales Phänomen, das mit allen sozialen Logiken zu tun hat. Es geht hier um echte Interdisziplinarität bzw. um Synthese. Innerhalb dieses Rahmens sind enorm viele Begriffsansätze (Teilansätze) über Macht denkbar. Die vielen Ansätze zeigen auch, wie facettenreich Macht ist. Immer wieder kann man neue wichtige Aspekte entdecken und eventuell nutzen.

4.8.5 Die verschiedenen Zugänge zur Agonistik

Wie nähert sich der Agonistiker der Agonistik? Was will er durch die Agonistik erreichen? Welche Zwecke verfolgt er? Will er seine gute Kenntnis eines Wissenstyps agonistisch nutzen? Will er vor allem eine Ideologie verbreiten? Kommt seine Art der Annäherung an die Agonistik seiner Persönlichkeit, seinen Fähigkeiten und Interessen entgegen? Gibt es agonistische Persönlichkeitstypen wie den Motivator, den Führer, den Innovator und den Manager? Ist er von einer wichtigen agonistischen Aufgabe besessen? Gemeint sind hier agonistische Schwerpunkte, die für viele agonistische Disziplinen von Bedeutung sind. Sieht er sich primär als Spezialisten auf einem dieser Aufgabengebiete? Soll die Strategie von einem dieser Aufgabengebiete (z. B. Motivation) dominiert werden? Sieht sich der Agonistiker als »neutralen« Strategen, der von keinem Aufgabengebiet besonders fasziniert ist?

Wenn man über solche Fragen nachdenkt, kommt man zur Ansicht, dass es verschiedene Typen von Agonistikern hinsichtlich des Zuganges zur Agonistik gibt. Der »Wissenschaftler« muss kein echter Wissenschaftler sein, aber bei ihm strukturiert die Wissenschaft seine »einfachen Methoden« entscheidend vor. Er bringt Methoden der Wissenschaft zur Anwendung.

Viele Agonistiker sind vom Zugangstyp »Wissenschaft« fasziniert. Andere Agonistiker fühlen sich primär als »Therapeuten«. Ein solcher »Therapeut« muss nicht beruflich als Therapeut arbeiten oder gearbeitet haben. Er kann auch als Manager von den methodischen Möglichkeiten der »Therapie« fasziniert sein. Was ein solcher Agonistiker auch macht, immer sieht er seine Aufgabe durch die Brille der »Therapie«. Ist der Trainer einer Fußballmannschaft ein solcher »Therapeut«, dann sieht er eventuell seine Hauptaufgabe darin, aus einem Haufen von Stars und Egoisten eine »echte Mannschaft«

zu formen. Der »Wissenschaftler« will primär »verstehen« und der »Therapeut« will vor allem »heilen«.

Ein Stratege vom Typ »Manager« muss nicht unbedingt als Manager gearbeitet haben. Aber er bringt Wissen, Interesse, Fähigkeiten und eventuell Erfahrung ein. Nicht für alle strategischen Vorhaben ist der Zugang »Management« geeignet. Weitere wichtige Zugangsarten sind »funktionale Sacharbeit«, »Motivation«, »Innovation«, »Kommunikation«, »Einführung« (Ausbildung, Lehre, Training, Erziehung, Unterricht, Sozialisierung, Schulung, Instruktion, Motivation, Wissensvermittlung etc.) und »Durchführung« (Führung, Projektleitung, Organisation, Planung, Durchführung, Kontrolle, Verwaltung, Regierung, Management, Unternehmensführung etc.). Bei der »Durchführung« gibt es Generalisten, die viele solche Aspekte beherrschen oder Spezialisten, die nur Einzelaspekte dieses Zugangstyps beherrschen.

Viele Agonistiker interessieren sich vor allem für den Zugangstyp »Strategie«. Die »Strategen« wollen bestimmte strategische Elemente immer wieder bei jeder neuen Strategie anwenden. In diesem Bereich gehen sie immer weiter in die Tiefe. Anderen »Strategen« macht es Freude, jedes Mal ganz neue maßgeschneiderte Strategien zu entwerfen. Der Zugang »Strategie« steht in gewissem Gegensatz zum Zugang »Taktik«. Die »Strategen« denken langfristiger. Viele Strategen wählen den Zugang »Taktik« für ihre strategische Arbeit, weil ihnen die »Taktik« liegt. »Taktik« spielt z. B. in der Strategie von Microsoft eine große Rolle. Viele Taktiker gehen wiederum »strategisch« an ihre Aufgaben heran.

4.8.6 »Allgemeine Methoden« in der Agonistik

»Allgemeine Methoden« sind Methoden aus irgendeinem Wissenstyp, die im entsprechenden Wissenstyp weite Verbreitung finden. Eine »individuelle agonistische Methode« hat ein Agonistiker nur für sich selbst entwickelt. Findet diese Methode viele Anhänger, dann ist sie auf dem Weg zur allgemeinen agonistischen Methode.

Durch die Hereinnahme einer allgemeinen wissenschaftlichen Methode in einen agonistischen Kontext wird aus einer wissenschaftlichen Methode eine allgemeine agonistische Methode, wenn es die wissenschaftliche Wissensfigur in der Agonistik zu weiter Verbreitung bringt. Methoden aus vielen Wissenschaften können zu allgemeinen (agonistischen) Methoden werden.

Für den Unternehmensstrategen sind besonders die Methoden aus der Sozialwissenschaft interessant. In der individuellen Strategiemethode des früheren CEO von Intel spielt der Begriff »Paranoia« eine große Rolle. Viele sozialwissenschaftlichen Begriffe können ins Zentrum einer Strategie rücken bzw. der Strategie in methodischer Hinsicht den Stempel aufdrücken. Die Strategen sind Spezialisten bzw. Experten für diese Methoden, z. B. Macht, Führung, Organisation, Branche, Technologie etc. Die Strategen sehen diese Methoden primär als individuelle wissenschaftliche Methoden. Diese Methoden sind analytische oder synthetische Sozialtheorie des Strategen. Diese zentralen Methoden sollen unbedingt halten, damit die entsprechende agonistische Wirkung eintreten kann. Das betreffende Begriffsgebäude soll sich in der Wirklichkeit bewähren. Die Methoden stellen Privatwissen bzw. Geheimwissen dar. Natürlich kommen auch allgemeine (nicht private) sozialwissenschaftliche Methoden in der Strategie zur Anwendung. Wenn diese in der Strategie bisher kaum verwendet werden, sind sie zunächst keine allgemeinen agonistischen Methoden.

Die Sozialwissenschaft will bisweilen das wahre Wesen der strategischen Wirkung ergründen. Sie will ein wissenschaftliches Begriffsgebäude über Strategie errichten. Die entsprechende wissenschaftliche Methode ist dann eine ausgesprochene Strategiemethode. Die verschiedenen expliziten wissenschaftlichen Strategiemethoden zeigen uns, wie sich die betreffende Sozialwissenschaft Strategie vorstellt. Die wissenschaftliche Strategiemethode soll sich in der Strategie möglichst gut durchsetzen und allgemeine Verbreitung erlangen. Aus einer expliziten wissenschaftlichen Strategiemethode soll eine allgemeine agonistische Methode werden.

Ausgesprochene Strategiemethoden in der Betriebswirtschaftslehre sind z. B. die Portfoliomethode, die Kernkompetenzmethode von Hamel/Prahalad und wohl auch die Purpose-Process-People-Methode von Bartlett/Ghoshal.

Oft will die Sozialwissenschaft nicht das wahre Wesen der Strategie ergründen. Sie begnügt sich mit der Erforschung von Teilfragen der Strategie: Vision, Wettbewerbsvorteile, Konkurrenz, Branche, Effizienz, Qualität etc. Dabei ist die Versuchung groß, die entsprechende Teilfrage für die wichtigste Frage der Strategie bzw. für eine gute Annäherung an das wahre Wesen der Strategie zu halten und so zu einer ausgesprochenen Strategiemethode zu gelangen.

4.8.7 Nachteile und Gefahren der »allgemeinen Methoden«

Ein Unternehmen ist viel leichter von der Konkurrenz auszurechnen, wenn es allgemeine Strategiemethoden, besonders ausgesprochene allgemeine Strategiemethoden, verwendet. Hamel/Prahalad zeigen auf, wie gefährlich es sein kann, primär nach der Portfoliomethode Strategie zu betreiben. Japanische Firmen lieben solche Unternehmen. Inzwischen haben sich aber auch die Europäer und Amerikaner recht gut auf die Japaner eingestellt.

Oft unternimmt ein Unternehmen große Anstrengungen um eine allgemeine agonistische Methode zu etablieren und hält das für gute Strategie. Solche Programme (Qualität, Re-engineering etc.) sind noch keine vollständige Strategie. Diese lückenhafte Strategie geht viel zu wenig auf die konkrete Situation des Strategen ein. Außerdem erfordern solche Programme, wenn sie ernst genommen werden, enorm viel Krafteinsatz von der Führung und von den Mitarbeitern. Deshalb soll man nur ganz konkrete Projekte der Strategie intensiv kommunizieren. Die Glaubwürdigkeit der Führung nimmt Schaden, wenn laufend neue Programme, deren Zusammenhang nicht oder nur schwer zu sehen ist, verkündet werden, und wenn diese nur halbherzig umgesetzt werden.

Wenn viele Firmen eine ähnliche, allgemeine Methode der Strategie haben, verzichten sie fast ganz auf die Möglichkeit zur methodischen Profilierung gegenüber der Konkurrenz. Die Firmen können sich nur mehr durch Taktik Vorteile herausholen.

Wenn man schon zu einer allgemeinen Methode greift, dann soll sie einem wenigstens liegen. Außerdem soll man versuchen, diese Methode an seine Zwecke und Bedürfnisse anzupassen und zu individualisieren. Ich empfehle, auf allgemeine strategische Methoden möglichst zu verzichten. Man soll das strategische Denken in die Metamethode verlegen und dann maßgeschneiderte individuelle Methoden entsprechend den eigenen metamethodischen Prioritäten finden!

4.8.8 Die Hamel/Prahalad-Methode als Methode der »strategischen Intention«

Die Hamel/Prahalad-Methode ist eine ausgesprochene wissenschaftliche Strategiemethode. Sobald ein Stratege diese Methode übernimmt, wird daraus eine allgemeine Methode der Strategie. Mit dieser Methode wollen die beiden Autoren möglichst nahe an das wahre Wesen von Strategie herankommen. Sie wollen die Begriffe (Untermethoden) finden, die uns die Wahrheit über die strategische Wirkung erzählen. Ein perfektes wissenschaftliches Begriffsgebäude muss alle wichtigen Untermethoden in perfekter Kombination enthalten und so das wahre Wesen des untersuchten Bereiches richtig darstellen.

Die wichtigsten Untermethoden möchte ich nun, beginnend mit der »strategischen Intention«, kurz vorstellen. Anschließend versuche ich, die Grenzen der Hamel/Prahalad-Methode aufzuzeigen. Die beiden Autoren sind übrigens Monisten und keine Pluralisten.

Die Hamel/Prahalad-Methode ist zunächst eine Methode der »strategischen Intention« (Hamel/Prahalad Seite 204 ff.). Die »strategische Intention« des Unternehmens soll viel zu ehrgeizig sein für die vorhandenen Ressourcen des Unternehmens. Nur wer Großes anstrebt, wird Großes erreichen. Die Mitarbeiter wissen, dass sie gleichsam über eine Schlucht springen müssen. Wenn das große Vorhaben gelingen soll, müssen die Mitarbeiter enormen Ehrgeiz an den Tag legen und sich gewaltig anstrengen. Wer nicht voll mitmachen kann oder will, behindert das Projekt. Alle stehen unter gewaltigem Druck.

Die »strategische Intention« muss in konkrete »Unternehmensherausforderungen« zerlegt werden. Die Herausforderungen sind die konkreten Schritte zur Erreichung der ehrgeizigen Fernziele. Die Herausforderungen betreffen alle funktionalen Bereiche, alle Organisationseinheiten und alle Mitarbeiter. Jeder muss sich gewaltig anstrengen und effizient und kreativ, auch taktisch kreativ, arbeiten. Das Unternehmen ist zunächst auf eine Herausforderung konzentriert und dann auf die nächste. Die »Unternehmensherausforderungen« sind wichtige Teile der »strategischen Architektur«. Diese legt auch fest, welche »Kernkompetenzen« das Unternehmen entwickeln soll. Die Manager sollen sich vor allem um den Aufbau von »Kernkompetenzen« kümmern. Die »strategische Intention« lässt sich nur durch »Kernkompetenzen« verwirklichen. Eine Kompetenz ist für die beiden Autoren ein Bündel von Fähigkeiten (primär von technologischen Einzelfähigkeiten) und Technologien.

4.8.9 Die Hamel/Prahalad-Methode als Branchen- und Zukunftsmethode

Die Hamel/Prahalad-Methode ist auch eine Methode um die Zukunft zu meistern. Dabei müssen die Unternehmen die Branchengrenzen neu ziehen, neue Branchen schaffen oder zumindest die Spielregeln einer Branche zu ihren Gunsten verändern. Es werden neue Branchen entstehen und die bestehenden Branchen werden tief greifende Veränderungen erfahren, glauben die beiden Autoren.

Es findet bereits jetzt ein globales Rennen um die Zukunft statt. Der Kampf um die Zukunft ist mehr ein Kampf um »Chancenanteile« als ein Kampf um Marktanteile, denn die Märkte existieren noch nicht. (Hamel/Prahalad S. 63 ff.). Man soll frühzeitig mit dem Aufbau der Kompetenzen für seinen Chancenbereich beginnen. Das Unternehmen, das als erstes in der Zukunft ankommt, wird reichlich belohnt werden. Pionierunternehmen sind also bei

diesem Wettrennen bevorzugt. Nur große oder rasch groß geworde-
ne Unternehmen können bei diesem Spiel auf globaler Ebene mit-
halten.

4.8.10 Die Hamel/Prahalad-Methode als Methode der taktischen Kreativität

Zwischen den Ressourcen und den Ambitionen eines Unternehmens, das die Methode der »strategischen Intention« anwendet,
klafft eine gewaltige Lücke. Solche ehrgeizigen Firmen haben es mit
übermächtigen Gegnern zu tun. Sie spielen David gegen Goliath.
Eine solche Firma muss ihre Ressourcen besonders effizient und cle-
ver einsetzen. Dazu gibt es viele Methoden bzw. »Hebel« (Hamel/
Prahalad S. 231 ff.). So versucht das Unternehmen, wie beim Judo
den Schwung des Gegners zu nutzen und ihn dann zu Fall zu bringen. Kluge Unternehmen machen Dinge, die mehrfachen Nutzen
bringen. In diesem Sinne kann das Unternehmen versuchen, so ge-
nannte »Kernprodukte« zu erzeugen. Ein kleines Unternehmen versucht, einen starken Gegner in einem Guerillakrieg zu besiegen und
einer entscheidenden Konfrontation auszuweichen.

4.8.11 Die Hamel/Prahalad-Methode als Methode der »Kooperation«

Die Hamel/Prahalad-Methode enthält viele solche Elemente. Es
geht dabei um die Zusammenarbeit mit anderen Firmen, um die
Verschmelzung von Branchen, um die Zusammenarbeit über Orga-
nisations- und Funktionsgrenzen hinweg, um die Verschmelzung
von Einzelfähigkeiten und Technologien, um die gemeinsame An-
strengung bei der Bewältigung der Herausforderungen und um Aspekte von kollektiver Führung.

4.8.12 Die Hamel/Prahalad-Methode als Kernkompetenzmethode

Kernkompetenzen sollen den langfristigen Erfolg eines Unternehmens sicherstellen. Kernkompetenzen müssen den Kunden viel
bringen. Die Konkurrenz darf diese Kompetenzen nicht besitzen.
Kernkompetenzen müssen sich noch weiter ausbauen lassen. Sie
müssen Tiefe haben (Hamel/Prahalad S. 308 ff.).
   Ein Unternehmen hat zwar viele Kompetenzen, aber nur wenige
davon sind für die Wettbewerbsfähigkeit des Unternehmens entscheidend. Das Kernkompetenzkonzept ist ein Beitrag zur Theorie
des Wettbewerbs. Durch Kernkompetenzen werden Wettbewerbsvorteile erreicht, verteidigt und ausgebaut.

Wie bereits erwähnt, ist eine Kompetenz ein Bündel von Fähigkeiten und Technologien. Es geht vor allem um technologische Fähigkeiten. Kernkompetenzen sind für die Autoren die Wurzeln der Wettbewerbsfähigkeit. Die Produkte und Technologien sind die Früchte. Dazwischen befinden sich die Kernprodukte.

4.8.13 Kritik an der Hamel/Prahalad-Methode als Zukunftsmethode

Die Kritik der Hamel/Prahalad-Methode als Methode der »strategischen Intention« werde ich erst im nächsten Kapitel vorbringen, wenn es um die Visionen geht. Deshalb beginne ich mit der Kritik der Hamel/Prahalad-Methode als Zukunftsmethode.

Die großen globalen Unternehmen befinden sich in einem Wettrennen um die Zukunft. Die zukünftigen Sieger werden reich belohnt werden. Besonders beeindruckt hat die beiden Autoren das Wettrennen um die Entwicklung des Videorekorders und die Auswirkung dieses Sieges. Das muss aber nicht immer so ablaufen. So hat die erste Welle der PC-Pioniere in der zweiten Runde entscheidend verloren.

Das langfristige Denken hat auch große Nachteile. Es dauert lange, Kernkompetenzen zu entwickeln, und die Früchte der Kernkompetenzen liegen in weiter Ferne. Wichtige Ressourcen werden gebunden. Langfristig sind wir alle tot. Der Stratege ist kein Zukunftsforscher. In die Zukunft zu blicken ist sehr schwierig und auf zukünftige Entwicklungen zu setzen ist riskant. Selbst Bill Gates mit all seinem Insiderwissen und all seinen Möglichkeiten hat das Internet lange unterschätzt, bis es fast zu spät war.

Nicht nur in der Zukunft werden Entscheidungsschlachten stattfinden, auf die wir uns schon jetzt vorbereiten müssen. Bereits in der Gegenwart finden gewaltige Schlachten statt, bei denen es um die Zukunft von Unternehmen und Branchen geht.

Die beiden Autoren glauben, dass der Kampf um die Märkte der Zukunft zunehmend in »unstrukturierten Arenen« stattfinden wird. Die »Digitalindustrie« ist für die Autoren eine solche Arena. Die alten Regeln sind in unstrukturierten Märkten ins Wanken geraten. Die Unternehmen bekommen die Chance, ihre eigenen Regeln durchzusetzen und entsprechende Kompetenzen aufzubauen. Spielt man in strukturierten Arenen nach den Regeln des Branchenführers, wird man verlieren. In der Digitalindustrie, dieser äußerst dynamischen Megabranche, sind viele Unterbranchen versammelt. Es gibt nur mehr eine unscharfe Grenze zwischen den einzelnen Unterbranchen. Vor allem durch die Globalisierung geraten immer mehr Branchen in diesen Strudel aus Unsicherheit, Unklarheit und

Ungewissheit. Neue Megabranchen entstehen: die Genindustrie, die Finanzdienstleistungsindustrie und die Unterhaltungsindustrie.

Meiner Meinung nach befinden sich die Unternehmen einer Branche einmal in ruhigen Gewässern und dann geraten sie wieder in schwere Stürme. Momentan befinden sich viele Branchen in stürmischer See. Das hat natürlich viel mit der Globalisierung zu tun. Viele Branchen befinden sich in einer Krise. Neue Branchen entstehen. Die Branchengrenzen sind nicht mehr so starr wie einst. Die Branchen verändern sich laufend. Dennoch glaube ich, dass wir im Zusammenhang mit den Branchen auf den Begriff »unstrukturierte Arena« verzichten sollten. Dieser Begriff führt dazu, dass wir die Methode »Branche« unterschätzen. Die Branchen sind robuster, als Hamel/Prahalad wahrhaben wollen.

4.8.14 Methode der »Branche« und »unstrukturierte Arena«

Warum können die beiden Autoren überhaupt von Digitalindustrie sprechen? Wo ist der entsprechende Zusammenhang zwischen den verschiedenen Unterbranchen der Digitalindustrie? Hamel/Prahalad verweisen darauf, dass es Firmen gibt, die in mehreren Unterbranchen dieser Megabranche vertreten sind. Die Digitalindustrie ist für Hamel/Prahalad unübersichtlich, weil viele Unternehmen in einer Branche mit anderen Unternehmen kooperieren, und in einer anderen Branche mit denselben Unternehmen in scharfen Wettbewerb treten. Hier wird offensichtlich die Methode »Branche« mit der Methode »Unternehmen« verwechselt. Mehrbranchenunternehmen gab es immer schon. Das ist nichts Neues. Natürlich ist es für eine Firma leichter in verwandte Branchen einzudringen. Wenn ein Unternehmen mit seinen Branchen nicht klarkommt, hat es ein Problem, das auch altbekannt ist.

Die Kernstrukturen der Branche bleiben gleich oder ändern sich langsam, während die Branche selbst und die Umwelt sich mehr oder weniger stark wandeln. Sobald die Kernstrukturen aber (langsam oder schnell) »fallen«, »verschwindet« die Branche. Die Branche wird dann zu einer neuen Branche, sie verschwindet ganz, sie verliert an Bedeutung oder sie geht in einer anderen Branche auf. Zu den Kernstrukturen gehören die Mitspieler (Konkurrenten), die Branchenregeln, die Machtverhältnisse in der Branche, die Branchenkunden und ähnliche wichtige Strukturen. Kommen nur etliche neue Konkurrenten hinzu, bedeutet das noch nicht die Änderung des Branchenkernes.

Die Digitalindustrie ist keine Branche. Dieser Begriff macht wenig Sinn. Die Erstellung und der Verkauf von Software hat wenig zu tun mit der Erzeugung und dem Verkauf von Computern. Die Bedeutung des Branchenwissens darf nicht unterschätzt werden. Die Branchenexperten kennen ihre Kunden. Es kommen natürlich ständig neue Branchen dazu. Mobiltelefonkunden werden mit Erfolg anders angesprochen als Festnetzkunden. Ist das bereits eine neue Branche? Handelt es sich hier um eine Unterbranche?

Das Internet hat Auswirkungen auf fast alle Firmen. Durch das Internet entstehen neue Branchen, z. B. Internetbanking. Viele alte Firmen steigen in die neuen Branchen ein und bieten die entsprechenden Leistungen ergänzend an. Kunden solcher Internetbanken können dann bei Bedarf auch die »normalen« Leistungen dieser Banken in Anspruch nehmen.

Das Internet fängt an, auch die alten Branchen in vielfältiger Weise zu verändern. »Verschwinden« viele alte Branchen fast gleichzeitig, dann bedeutet das auch eine starke Veränderung der Gesellschaft. Das Internet und andere Innovationen werden sicher gravierende wirtschaftliche und gesellschaftliche Veränderungen bringen. Die Frage ist nur, wie rasch sie kommen werden und wie tief greifend sie sein werden.

4.8.15 Kritik an der technologischen Ausrichtung der Kernkompetenzmethode

Kompetenzen sind für Hamel/Prahalad Bündel von Einzelfähigkeiten (vor allem von technologischen Einzelfähigkeiten) und Technologien. Ein Unternehmen kann sich nur auf einige wenige technologische Kernbereiche konzentrieren und dort Kompetenzen entwickeln. Für die Japaner ist Technologie der Schlüssel zum wirtschaftlichen Erfolg. Die Japaner sind stark in Technologie und Technik. Die beiden Autoren gehen als Japanfans ebenfalls von der Technologie aus. Aber bei Honda, einem der Lieblingsunternehmen von Hamel/Prahalad, musste die einseitige Ausrichtung auf Technologie und Technik gemildert werden. Die Macht der Ingenieure wurde eingeschränkt.

In der Technologie können die Japaner gewisse Fähigkeiten einsetzen. Die Japaner lieben die Miniaturisierung. Auch die technologische Kernkompetenzmethode liegt ihnen sehr: Sie beherrschen Techniken wie »Teamarbeit über Funktionsgrenzen hinweg«. Sie können gut im Kollektiv denken und handeln. Sie sind sehr geschickt bei der Integration von Wissen. In ihrer Art von Technologie und Technik ist ein gesichtsloser ahistorischer Funktionalismus am Werk. Die Kompetenz steckt vor allem in den funktionalen Organisationseinheiten, in den Teams und in den Prozessen.

Die beiden Autoren gehen kaum darauf ein, dass es nicht nur um technologische Kompetenzen geht. Es gibt auch in den anderen funktionalen Bereichen eines Unternehmens Kompetenzen. Das Kompetenzkonzept verliert aber außerhalb von Technologie und Technik deutlich an Kraft. Dort geht es vielfach um nicht oder nur schwer vermittelbares persönliches Wissen. Die Bedeutung der Einzelpersonen steigt.

Sogar einzelne »Stars«, die weit über das Unternehmen und die Branche hinaus bekannt sind, können sich etablieren. Auch in der Technologie werden Persönlichkeiten immer wichtiger, und zwar überall und nicht nur in Europa und in den USA. Bei den Kompetenzen kommt es auf die Bündelung und auf die Einzelfähigkeiten an. Vergleicht man die Einzelfähigkeiten mit den einzelnen Fußballspielern, dann steht die Mannschaft für die Kompetenz. Mit zunehmender Härte des Wettbewerbs werden fähige Einzelspieler immer wichtiger.

Beim Kernkompetenzkonzept liegt der Schwerpunkt auf Leistungsfähigkeit und fachlichem Können des Unternehmens. Die Beherrschung von Kernkompetenzen durch ein Unternehmen ist aber noch lange keine ausreichende Strategiemethode, geschweige denn eine konkrete Strategie.

Die sachlichen und agonistischen Fähigkeiten des Strategen sind enorm wichtig. Kein Wunder, dass bei den Unternehmensstrategen das Starsystem schon weit fortgeschritten ist.

4.8.16 Kritik an der Kernkompetenzmethode als Wettbewerbsmethode

Der Kompetenzbegriff kann sich vom Wettbewerbsdenken nicht lösen. Es geht darum, Vorteile herauszuholen, zu behalten und wenn möglich zu vertiefen. Es gilt solche Vorteile zu wählen, in denen man stark ist, die von der Konkurrenz nicht leicht nachgeahmt werden können, in die man sich noch weiter vertiefen kann. In diesen Kernbereichen, in dieser ökologischen Nische will man konkurrenzlos sein.

Wir dürfen aber das Kompetenzdenken und das Wettbewerbsdenken nicht übertreiben. Jede Firma soll eigentlich ihr eigenes Rennen machen und nicht nur zur Konkurrenz schielen. Es geht nicht nur um einige wenige Schlüsselkompetenzen, die den großen Unterschied ausmachen. Die ganze Firma ist ein Bündel von (oft unscheinbaren) Einzelfähigkeiten. Die ganze Firma ist eine einzige und einzigartige Kompetenz. Das Unternehmen geht seinen eigenen Weg.

Hat eine Firma ähnliche Kompetenzen wie eine andere Firma,

dann kommt es immer noch auf die konkrete Strategie in diesem Unternehmen an. Das Unternehmen kann sich noch genügend vom anderen unterscheiden. Selbst wenn sie dazu noch ähnliche Strategien haben, ist das nicht unbedingt ein Malheur. Zwei Firmen mit ähnlichen Kompetenzen und ähnlichen Strategien können sich gegenseitig zu Höchstleistungen antreiben.

Strategie bedeutet Verbindung von Inhalt und Methode. Die Methoden werden dabei konkretisiert. Die Konzepte »Methode« und »konkrete Strategie« bedeuten nicht den Verlust der Wettbewerbsfähigkeit. Die konkrete Strategie samt Methoden und Inhalten ist Ausdruck des persönlichen agonistischen Stiles eines Strategen. Dieser Stil ist schwer zu entdecken, auszurechnen und zu kopieren.

4.9 Das Visionsprinzip

4.9.1 Die Vision als metamethodisches Prinzip

Dieses Prinzip stellt methodische Überlegungen an, wie die Strategie einerseits die Bodenhaftung behalten soll und wie sie andererseits trotzdem möglichst ehrgeizig gestaltet werden kann. Der Begriff »Vision« hat die Bedeutung »Wunschbild« als gesellschaftliches Fernziel und weiterhin die Bedeutung »richtungsweisende Erscheinung«. Der Stratege meint mit diesem Begriff »die prägnante, richtungsweisende Zukunftsvorstellung für die strategische Einheit«. Diese Zukunftsvorstellungen sind methodische Vorstellungen; die strategische Einheit will z. B. zum größten Unternehmen der Branche aufsteigen. Manche Theoretiker meiden den Begriff »Vision« und verwenden lieber einen anderen Begriff. Hamel und Prahalad sprechen von »strategischer Intention«.

Den beiden Autoren gelingt es nicht, den meiner Meinung nach wichtigsten Punkt zu diesem Thema herauszuarbeiten: Die Vision soll der Strategie untergeordnet sein und nicht umgekehrt. Die »einfachen Methoden« müssen so viel Potenzial haben, dass die prägnanten, richtungsweisenden Zukunftsvorstellungen zwar einen ambitionierten und optimistischen, aber keinen unrealistischen bzw. utopischen Eindruck machen. Die Vision soll ernsthafte und realistische Strategie sein. Die Vision darf kein Polarstern sein, der uns nur vage die Richtung angibt und den wir niemals erreichen können. Die Vision ist auch kein Ballon, der in den Himmel steigt und die ganze Strategie mit sich fortreißt. »Politik mag die Kunst des Möglichen sein, aber Führung ist die Kunst, das Unmögliche wahr zu machen«, liest man bei Hamel/Prahalad (Hamel/Prahalad

S. 227). Das mag manchmal so sein, aber man wird nicht automatisch zu einem großen Führer, wenn man sich große Ziele setzt. Dieser Irrtum ist ganz weit verbreitet. Auch mit einem starken Willen erreicht man nicht alles. »Gedehnte« visionäre Ziele müssen strategisch irgendwie fundiert sein. Der Optimismus braucht irgendeine objektive Grundlage. Der Stratege geht vielleicht von ehrgeizigen vorläufigen Zielen aus und schaut dann, ob die Methoden und die vorläufige konkrete Strategie für diese Ziele reichen. Reichen sie nicht und kann er sie auch nicht verbessern, wird er wohl seine ehrgeizigen Ziele ändern müssen. Ehrgeizige Ziele können auch entstehen, wenn der Stratege den Methoden und der vorläufigen konkreten Strategie viel zutraut.

Die Vision soll Teil der Strategie sein. Zu den sonstigen methodischen Begriffen der Strategie kommen visionäre Begriffe wie Weltmarktführer, Branchenerster, globaler Anbieter, erfolgreicher Internetpionier etc. Die visionären Methoden müssen noch nicht genau ausgearbeitet sein. Es dauert ja recht lange, bis ein kleines Unternehmen in einer Branche eine globale Firma sein wird. Die Methode »globales Unternehmen« dient nur als Richtungsangabe und als Ansporn. In der Betriebswirtschaftslehre werden die Visionen nicht konsequent als Teil der Strategie gesehen. In der Agonistik ist die Strategie jedenfalls die oberste Instanz. Die Visionen teilen dieses Schicksal in der Betriebswirtschaftslehre noch mit anderen, ähnlichen Methoden: Unternehmensziele, Unternehmenszwecke, Unternehmensphilosophie, Grundwerte und Mission des Unternehmens.

4.9.2 Die Visionsfalle an einem Beispiel

Vielen Strategen ist der Unterschied zwischen einer realistischen und einer abgehobenen Vision nicht klar. Im Harvard Business Review schildert ein Unternehmer seine diesbezüglichen Erfahrungen (HBR Volume 70, Number 2, 1992, Seite 46 ff.). Er merkte gar nicht, wie er von einer konkreten Strategie mit realistischer Vision zu einer abgehobenen Vision, die außerhalb seiner bisherigen Strategie stand, rutschte. Er merkte nicht, dass er den relativ sicheren Boden der bisherigen Strategie verlassen hatte. Die neue Strategie war unrealistischer und damit auch unsicherer.

Anfänglich ging es der Firma darum, das Produkt genau zu definieren, das sie erzeugen wollte. Außerdem galt es den Kampf gegen den Hauptkonkurrenten zu gewinnen. Dieser Kampf bestimmte das Denken der Firma. Das war das visionäre Spannungselement in dieser Phase. Das war noch realistische Strategie. Natürlich war es keineswegs sicher, dass der Konkurrent auch tatsächlich besiegt werden kann. Kampf, Einsatz, Unsicherheit, Optimismus und Glück gehören zur Strategie dazu.

Nach der Niederlage des Hauptkonkurrenten mussten andere Visionen her. Der Autor bereute es später, dass er sich von seinen Leuten dazu drängen ließ, »großartige« Strategien zu entwerfen. Aus dem Strategen wurde ein Dichter. Die Bodenhaftung ging verloren. Das Unternehmen konnte aus den Visionen keinen Nutzen ziehen. Die Visionen führten das Unternehmen in den Abgrund. Der Stratege ist in die »Visionsfalle« getappt.

Der Stratege hat nicht erkannt, dass nach der ersten erfolgreichen Phase nur eine realistische Erweiterung notwendig gewesen wäre. Die Angestellten und Manager können auch dann Höchstleistungen erbringen, wenn keine »großartigen« und mitreißenden neuen Visionen formuliert werden, sondern nur »biedere« realistische Visionen sie anspornen und inspirieren sollen. Das Erreichen von Zwischenzielen zeigt dem Strategen, dass er auf Kurs ist.

4.9.3 Visionen sind Ziele im weiteren Sinne

Visionen sind Ziele im weiteren Sinne, und zwar optimistische, aber realistische Ziele. Von Realismus kann keine Rede sein, wenn man von einer »großartigen« Vision ausgeht und hofft, dass Druck, Ehrgeiz, Wille, Begeisterung, aus der Not geborene Innovation und andere Dinge dafür sorgen werden, dass man sich seinem äußerst optimistischen Fernziel schon noch stark annähern wird. Das kann gut gehen, wenn man das nötige Glück hat. Sehr oft wird diese Vorgehensweise zum Scheitern der Strategie führen.

Visionen sind Fernziele. Solche Fernziele zeigen die »Ausdehnung« der Strategie in die Zukunft an. Die visionären Ziele sind entweder schon vor der Entstehung der Strategie entstanden und sie werden vom Strategen in die Strategie integriert, oder sie nehmen erst mit der Entstehung der Strategie Gestalt an. Hat eine entstehende Strategie enormes Potenzial, dann stehen auch großartige Ziele auf dem Boden der Realität. Jede Strategie braucht jedenfalls visionäre Ziele.

Es gibt verschiedene Arten von visionären Zielen bzw. von »Ausdehnungen« der Strategie in die Zukunft. Geht es dem Strategen in seiner Vision primär um ein ideologisches Ziel? Ist er nur auf bestimmte Ziele im engeren Sinne (Formalziele, Sachziele, Machtziele, methodische Ziele, Planziele, inhaltliche Ziele, qualitative und quantitative Ziele, Kampfziele etc.) konzentriert? Will er mit seinen Zielen bestimmte Werte durchsetzen? Hat der Stratege eine Mission zu erfüllen? Sieht er in seiner Tätigkeit einen tieferen Sinn, der ihn leitet? Ist der Stratege von einem Thema fasziniert und möchte er durch die Strategie immer tiefer in diesen Bereich eindringen? Liegt ihm das Wohlergehen einer Sache am Herzen? Will er irgendeiner Methode oder irgendeiner Idee zum Durchbruch verhelfen? Geht es ihm bei seinen visionären Zielen um eine Emotion? Strebt er Ziele an, die von seinen Motiven geprägt sind?

4.9.4 Die Kommunikation der Strategie

Welche Funktionen haben die Visionen zu erfüllen? Zunächst haben sie eine Kommunikationsfunktion. Wenn die Strategie an die Mitarbeiter, die Kunden und an andere Interessierte kommuniziert wird, stoßen dabei vor allem die visionären Ziele auf großes Interesse. Die Vision soll aber nur zusammen mit der übrigen Strategie kommuniziert werden. Der kommunizierte Teil der Strategie zeigt den Mitarbeitern, was von ihnen verlangt wird. Sie sollen sich für die Strategie ins Zeug legen. Alle sollen an einem Strick ziehen.

Was sollen die Mitarbeiter von der Strategie wissen? Vor allem Dinge wie die mittel- und langfristigen Ziele, die Visionen, wichtige Werte und die Kultur des Unternehmens, geplante Änderungen (z. B. Organisationsänderungen), geplante Programme (z. B. Ausbildungsprogramme), geplante operative Schwerpunkte (z. B. Hauptkonkurrenten einkreisen), wichtige Methoden und Inhalte, Grundzüge der konkreten Strategie, Anforderungen an die Mitarbeiter und ähnliche Dinge. Spielen die Werte in der Strategie nur eine durchschnittliche Rolle, dann sollen sie auch nicht kommuniziert werden. Nur die Ecken und Kanten der Strategie sind interessant. Sie zeigen den Mitarbeitern, was dem Unternehmen und dem Strategen wichtig ist bzw. wofür diese stehen.

Meiner Meinung nach soll man auf Leitbilder verzichten. Die verschiedenen Aufgaben, die Leitbilder erfüllen, sollen von einzelnen gezielten Instrumenten, im Rahmen der entsprechenden taktischen Notwendigkeiten, übernommen werden. In der Darstellung der Strategie haben viele Dinge, die in Leitbildern stehen, nichts zu suchen, weil sie nicht wichtig genug sind. Die Strategie muss kurz, prägnant, einfach und ehrlich dargestellt werden. Es genügt aber nicht, die Strategie nur sachlich vorzustellen. Die Strategie muss auch optimistisch, emotional, kämpferisch, wertend, ideologisch und interessensbezogen präsentiert werden.

Wann »kaufen« die Mitarbeiter und die anderen Parteien die Strategie? Wenn sie gut kommuniziert wird und wenn sie als »richtig« angesehen wird, hat sie große Chancen gut aufgenommen zu werden. Außerdem muss die Strategie für den Mitarbeiter insgesamt Vorteile bringen, es sei denn es gibt keine anderen Alternativen oder es macht wenig Sinn Widerstand zu leisten.

Die Strategiedarstellung muss nicht die ganze Strategie enthalten. Bestimmte Teile der Strategie kennen nicht einmal alle aus dem innersten Kreis und bestimmte Teile kennt nur der Stratege selbst.

4.9.5 Die Spannungsfunktion der Vision

Die Visionen haben auch eine »Spannungs«-Funktion. In der deutschen Sprache hat dieser Begriff viele Bedeutungen: Stromspannung, spannender Film, Nervenanspannung, eine Brücke spannt sich über den Fluss, auf die Folter spannen, der Bogen ist gespannt, ich bin gespannt etc.

Der Stratege muss mit der »Spannung« umgehen können. Er muss schauen, ob die Strategie weit in die Zukunft reicht. Vor allem interessiert ihn die Lücke zwischen der augenblicklichen und der gewünschten zukünftigen Realität des Unternehmens, die Differenz zwischen Anspruch und augenblicklicher Realität. So wird in der Vision schon an eine Großfirma gedacht, aber in der Realität ist die Firma noch klein. Es geht bei der »Spannung« nicht nur um eine quantitative, sondern auch um eine qualitative Lücke. Wenn eine kleine Firma groß werden will, muss sie sich öfter selbst neu erfinden.

Die Mitarbeiter, die in einer ehrgeizigen und optimistischen kleinen Firma arbeiten, wissen was auf sie zukommt. Die Ausgangslage in Verbindung mit den visionären Zielen wirkt allein schon enorm motivierend. Nur mit sehr ehrgeizigen Zwischenzielen kommt man dem visionären Ziel näher.

4.9.6 Die Richtungsfunktion der Vision

Jede Strategie schlägt eine Richtung ein. Der Stratege begibt sich auf eine lange Reise. Die Vision zeigt uns, wo die Reise schließlich hinführen soll. Je genauer die Richtungsangabe, desto zugespitzter ist das Unternehmen. Es hat dann nur geringe methodische und inhaltliche Breite. Bei einem zugespitzten Unternehmen ist die Reiseroute genau festgelegt. Der Stratege hat auch konkretere Vorstellungen vom Endziel der Reise als ein Unternehmen mit ungenauer Richtungsangabe.

Es gibt verschiedene Arten der Zuspitzung. Ein Unternehmen kann sich z. B. auf ein bestimmtes Produkt spezialisieren. Es kann sich aber auch ganz auf einen Konkurrenten konzentrieren. Die

Strategie dreht sich dann nur um diesen Konkurrenten. Man will diesen Konkurrenten schlagen. Man kennt also den Endpunkt der strategischen Reise. Man weiß nur nicht, wann das visionäre Ziel erreicht werden kann. Bei dieser Zuspitzung kann man von visionärer Zuspitzung sprechen. Die zugespitzten Methoden bekommen so mehr Biss.

4.9.7 Die Mobilisierungsfunktion der Vision

Die Visionen mobilisieren alle Kräfte. Ist ein Stratege von Natur aus sehr mutig, dann braucht er auch eine mutige Vision, damit er sich entfalten kann. Ist ein Stratege nicht mutig, aber sehr ehrgeizig, dann wird sein Mut zwangsläufig wachsen, wenn er sich für eine ehrgeizige Strategie mit ehrgeiziger Vision entscheidet. Haben Firmen zu wenig Macht und zu wenig Ressourcen für ihre ehrgeizigen Pläne, dann müssen sie das irgendwie wettmachen durch überlegenes Wissen, durch neue Ideen, durch Kreativität, durch Einsatzfreude, durch Hartnäckigkeit, durch Begeisterung, durch Schnelligkeit, durch Flexibilität, durch Mut, durch Präzision und durch Disziplin. Chancen, die sich bieten, werden unter diesen Umständen konsequenter genützt. Schlummernde Fähigkeiten kommen zum Vorschein.

Die Mitarbeiter fühlen sich in ehrgeizigen Firmen oft unter Druck gesetzt. Sie haben Angst zu versagen. Die Angst und der Druck sind prinzipiell nicht nur destruktiv. Sie können auch motivieren. Wenn ein Manager unter Druck steht, hat er weniger Zeit für Details und muss mehr delegieren. Wenn von den Leuten viel verlangt wird und sie können die verlangte Leistung erbringen, dann sind sie auch stolz auf ihre Leistung. Der Stolz auf die eigene Leistung bzw. auf die eigene Leistungsfähigkeit ist ein enorm wichtiger Faktor in der Strategie. Stolz auf die eigene Leistung kann es auf Dauer nur geben, wenn diese Leistung auch anerkannt wird. Die wichtigste Form der Anerkennung ist schlicht Geld.

Die visionären Ziele lassen sich nicht alle erreichen. Die Visionen leisten Widerstand. Sie müssen gleichsam erst besiegt werden. Wenn es gilt einen Gegner zu schlagen, auch einen abstrakten Gegner, dann wird in uns die wilde Vergangenheit der Menschen wieder lebendig. Damals in grauer Vorzeit war jede Niederlage eine ernste Sache. Kampf ist uns also sehr vertraut. Kampf bedeutet eine starke Emotionalisierung. Es geht um Angst, Freude an Grausamkeiten, Freude am Sieg, Beutegier, Gemeinschaftsgefühle, Mut, Tapferkeit und Stolz auf die eigene Leistung und die Leistung der Gruppe.

Durch die visionären Ziele der Strategie sollen die Mitarbeiter besonders angesprochen werden. Sie sollen dazu motiviert werden, sich besonders einzusetzen. Emotionen, Werte, Ideologien, Ziele im engeren Sinne und andere Arten von visionären Zielen sollen auf die Mitarbeiter Einfluss nehmen. Gefallen den Mitarbeitern die visionären Werte der Firma, so werden sie sich gerne dafür einsetzen. Die Mitarbeiter sollen fest daran glauben, dass die optimistischen Ziele irgendwann erreicht werden können. Wenn eine kleine Firma anfängt rasch zu wachsen, dann machen wahrscheinlich auch die ersten Mitarbeiter rasch Karriere und sie werden dann reich und mächtig.

4.9.8 Corporate Ambition bei Bartlett/Ghoshal

Bartlett/Ghoshal glauben, dass die »Corporate Ambition« (die Vision) nicht zu breit und nicht zu eng formuliert werden darf, um die »Aufmerksamkeit und das Interesse« der Angestellten zu erlangen und um die Organisation zur Umsetzung zu bewegen. (HBR Volume 72, Number 6, 1994, Seite 79 ff.). Auch breite und enge Visionen können meiner Meinung nach wunderbar motivieren. Warum soll z. B. eine enge Vision, bei der es gegen einen »Feind« geht, nicht das Interesse der Mitarbeiter erregen? Eine breite Vision, die z. B. darauf abzielt in mehreren Branchen erfolgreich zu sein, wird wahrscheinlich auch nicht ihre Wirkung verfehlen, wenn die Mitarbeiter Grund haben an diese Vision zu glauben.

Die beiden Autoren bevorzugen also mittlere Visionen, und in der Vision des früheren CEO von AT&T Bob Allen sehen sie eine solche gelungene mittlere Vision: AT&T will die beste Firma sein auf der Welt, wenn es gilt, die Menschen zusammen zu bringen. Die Firma will dafür sorgen, dass die Leute immer und überall leichten Zugang zueinander und zu den notwendigen Informationen und Diensten haben, zu jeder Zeit und an jedem Ort. Ich bin von dieser Vision nicht begeistert und halte sie für eine klassische abgehobene Vision. Ich glaube, dass die Voraussetzungen für diese Vision, die Auswirkungen dieser Vision auf die restliche Strategie und die möglichen Folgen der von dieser Vision geprägten Strategie zu wenig durchdacht wurden.

Die Angestellten müssen laut Bartlett/Ghoshal genügend Freiraum besitzen um die relativ breiten Vorgaben »kreativ interpretieren« zu können. Meiner Meinung nach überschätzen die Autoren die Bedeutung von Freiraum und kreativer Interpretation in der Mitarbeitermotivation. Das Engagement für eine Strategie bzw. für eine Vision hat mit einer Vielzahl von Motiven zu tun.

Freiraum und kreative Interpretation haben in der Strategie nichts zu suchen. Strategie ist nur Sache des Strategen. Nur der Stratege formuliert die »Gesetze« für das Unternehmen. Die Mitarbeiter müssen für die Durchführung der »Gesetze« sorgen. Die ganze Strategie ist dem Strategen vorbehalten und nicht nur ein vages strategisches Grundgerüst. In der Taktik sollen die Mitarbeiter Kreativität beweisen. Den taktischen Spielraum zu nützen und kreativ vorzugehen ist primär im Interesse des Taktikers selbst und eigentlich selbstverständlich.

4.9.8 Die drei Fallen

Mein Glaube kann nur dann Berge versetzen, wenn ich auch geeignetes Werkzeug habe um den Berg abzutragen. Steht mir kein entsprechendes Werkzeug zur Verfügung, dann stürze ich mich in ein Abenteuer, das wahrscheinlich schlecht für mich ausgehen wird. Mein übergroßer Ehrgeiz und meine übertriebenen Ziele lassen mich scheitern. Ich bin in die Visionsfalle getappt. Aus irgendeinem Grund habe ich mir zu optimistische Ziele gesetzt.

Ich bin zudem in die Optimismusfalle geraten, und außerdem in die Motivationsfalle. Ich bin hoch motiviert, aber meine Motivation hat keine realistische Grundlage. Ich glaube nicht, dass man mit hoher Motivation allein den Erfolg gleichsam erzwingen kann.

Literaturverzeichnis:

Fortune, Volume 132, Number 4, August 21, 1995; Heft 16/1995,
Banking/Cover Storys by Linda Grant, Seite 22 ff.
Harvard Business Review, Volume 67, Number 5; 1989,
Noel Tichy and Ram Charan: Speed, Simplicity, Self-Confidence.
An Interview with Jack Welch, Seite 112 ff.
Gary Hamel/C. K. Prahalad: Wettlauf um die Zukunft, Managerma-
    gazin Edition,
Überreuter, 1995
Harvard Business Review, Volume 70, Number 2, 1992,
Gerhard H. Langeler: The Vision Trap, First Person; Seite 46 ff.
Harvard Business Review, Volume 72, Number 6, 1994,
Christopher A. Bartlett, Sumantra Ghoshal: Changing the role of
    top management.
Beyond strategy to purpose
John F. Love: Die McDonald´s Story. Anatomie eines Welterfolges,
    Heyne Business,
München 1996
Bob Ortega: Wal-Mart. Der Gigant der Supermärkte, Überreuter,
    Wien 1999